* 9 7 8 9 7 7 8 6 0 6 4 5 4 *

"كما سُتر" العرب
(فن الحب والتعاشق)

وليد رحمي

رسوم: باسم

لوحة الغلاف من "تكوين"

للفنان الأرمني المصري

آشود زوريان

الفهرس

المقدمة

كم لنا من مشاعر عميقة نخفيها عمن نحب، ونظن في هذا المحافظةَ والوقار؛ وحقُّها أن تُعلَن ويُعرَب عنها بكل الصدق والانطلاق في لحظات الحب التي لا تكتمل إلا بالثقة المتبادلة والحرية الكاملة.

كم لنا – نحن العرب – من تراث في فن الحب أخفاه الزمان عن أعيننا وأعين الآخرين! وحُق لنا أن نعلن عنه بفخر وامتنان، ولكن عبر كلمات جديدة متجددة.

ما سُتر كثير، وما يُستر في كل أوان أكثر. فهل آن الأوان لنعلن عن فرحتنا بأننا عاشقان جمعهما الحب والرغبة المشتركة في الاحتفاء بالحياة، وأن نترشف من كئوسها الواعدة بالحب والمتعة والسعادة؟ وهل ثَمَّ سعادة إلا حين يغيب الزمن؟ وهل تدق ساعة الزمن وتدور عقاربها حين يجتمع حبيبان؟ تتوقف ساعات الزمن ليدق القلب وحده ويعلن حقيقة العشق الأبدية.

لسنا سوى زهرة نبيلة بين زهور كثيرة أينعت في شجرة الثقافة العالمية. والملاحظ أن معظم الكتابات السابقة كان إما تعليميا، وإما حريصا على إثارة الرغبة. الشيء الذي نحاول أن نحققه هو أن نقوم بأغراض تلك الكتب مجتمعة، على أن نضيف إليها استحضار حالات لقاء الجسدين. الكتابات السابقة كانت تفصل بين الشكل والمضمون، وهذا ما نحاول تجاوزه.

إن لقاء الجسد بالجسد يخرج بهما عن الزمان إلى زمان السعادة؛ فكيف نعبّر عن ذلك بلغة علمية جامدة أو سوقية مبتذلة؟! إننا نكون بإزاء حالة خاصة من حالات الروح، وهو ما يدفعنا إلى أن تكون اللغة أدبية تمتح من الخيال، بل من لغة التصوف حين يسمح المقام.

الكتاب يخاطب الحبيب وهو يتخيل ويتأهب ويجرّب ويستمتع ويبدع في لحظات القرب الحميم مع الحبيبة؛ لكن هذا لا يعني أن الكتاب موجّه إلى الرجل وحده، بل إن المرأة –إذ تتلقى هذه الكلمات– يقع على عاتقها ملء الفجوات وتخيل الكثير مما هو غائب عن عقل الرجل وخياله. وهكذا تبدو هذه الكتابة منطلقة من منظور الرجل، ومن ثم يُنتظر أن تشارك الكاتبات المبدعات في إبداع عمل مواز من منظور أنثوي. قد تكون تلك الكتابات الأنثوية إعادة إنتاج للنص الوارد هنا، وقد تكون خلقا جديدا تماما، وقد تجمع بين إعادة الإنتاج والإبداع الجديد. هذه ليست دعوة عابرة، بل إنها تصل إلى حد التوسل بِهِنَّ إليهن، وتدخل في باب حثّ الكاتبات على تحمل مسئولياتهن نحو الثقافة الإنسانية.

إن ما أقدمه هنا أعتبره شرفا رفيعا لا يوازيه إلا شرف ما ستحرزه الأخريات لدى إعادة إنتاجه، وما سيحرزه الآخرون والأخريات من قراءة هدفها الاستمتاع والرغبة في تبادل المعرفة والخبرة، وإعلاء شأن الإنسان روحا وجسدا وفضيلة.

افتتاحيات

في البدء كان الشعر

1- درس من كاما سوطرا

محمود درويش

بكأس الشراب المرصَّع باللازوردِ

انتظِرْها،

على بركة الماء حول المساء وزَهْر الكُولُونيا

انتظرها،

بصبر الحصان المُعَدّ لمُنْحَدرات الجبالِ

انتظرها،

بذَوْقِ الأمير الرفيع البديع

انتظرها،

بسبعِ وسائدَ مَحْشُوَّةٍ بالسحابِ الخفيفِ

انتظرها،

بنار البَخُور النسائيِّ ملءَ المكانِ

انتظرها،

ولا تتعجَّلْ، فإن أقبلَتْ بعد موعدها

فانتظرها،

وإن أقبلتْ قبل موعدها

فانتظرها،

ولا تُجْفِل الطيرَ فوق جدائلها

وانتظرها،

لتجلس مرتاحةً كالحديقة في أوْج زِينَتِها

وانتظرها،

لكي تتنفَّسَ هذا الهواء الغريبَ على قلبها

وانتظرها،

لترفع عن ساقها ثَوْبَها غيمةً غيمةً

وانتظرها،

وقدِّمْ لها الماءَ قبل النبيذِ، ولا تتطلَّع إلى تَوْأَمَيْ حَجَلٍ نائمين على صدرها،

وانتظرها،

ومُسَّ على مَهَل يَدَها عندما تَضَعُ الكأسَ فوق الرخامِ

كأنَّكَ تحملُ عنها الندى

وانتظرها،

تحدَّثْ إليها كما يتحدَّثُ نايٌ إلى وَتَرٍ خائفٍ في الكمان

كأنكما شاهدانِ على ما يُعِدُّ غَدٌ لكما

وانتظرها،

ولَمِّع لها لَيْلَها خاتمًا خاتمًا

وانتظرها

إلى أَن يقولَ لَكَ الليلُ:

لم يَبْقَ غيركُما في الوجودِ

فخُذْها، بِرِفْقٍ، إلى موتكَ المُشْتَهى

وانتظرها!

2- التي بدت كأنها...

سعيد الوكيل

حين رأيت البنت في الصباح

-ولم أكن صحوتُ

ولم أكن بنائمْ

وربما لم يكن الصباحْ-

حين رأيتها

بدت كأنها

إطلالة الحلم على الحقيقةْ

إيماضُ برق في فيافي المستحيلْ

كأنها الشك المُمِضّ في التشبيه والمسافةْ

كأنها حَدُّ اليقين في القُرب وفي السِّوى

حين رأيت البنت في الصباحْ

بدت كأنها

رعود سُحب أَرْعَدت وارتعدت

بدرٌ بدا بين الغمام وانسل شفيفا

دُرٌّ تقطع سِلكه أو التأمْ

كأنها

بين كثبان النَّقا مدينة ضائعةٌ

لُجَّة اليمِّ عليها دَفْق نار وسرابْ

حين رأيت البنتَ في الصباحْ

(أكان الصبحَ أم كان افتراقَ آية عن آيةٍ؟

أم الندم؟)

بدت كأنها

ليست ترى في الناس من وطنْ

إنها البنت حين بدتْ

كأنها الزمان سِترها الرقيق والقلقْ

كأنها الغُدران من بعد المطرْ

أو جفوةٌ

فَراشاتٌ على وِرد ووَرْدٍ تأتلف

كأنها
تساقُطُ النور من السماء والنذيرْ
كأنها السير الوئيد للظباء في الذُّرى
أو السُّرى

حين رأيت البنت في الصباحِ كانت كرمة قبل الزمنْ
وكانت الزمنْ
كأنها الجمر الذي خبا ليعترفْ
كأنها الظباء في شِراكٍ
أو يقين
كأنها من جنة الخلد إلينا طَرَقَتْ
أو هوة الرّدى

حين رأيت البنت في الصباحِ آيةً بدت في العالمينْ
مُزْن وذكرى
غفوة الحنينْ
شمس تطلّع في خلال غمامةٍ
كأنها

ديار من رَحَلْ

مصابيح لرهبان تُشَبّ من بعيدْ

كأنها بعض الذي ترمى الشهبْ

كأنها في لجة البحر حُبابْ

وصخبْ

كأنها الجنة والنار معًا

كأنها إله

كأنها وَثَنْ

كأنها اللفْتات مهلكاتٍ

كأنها الأسياف أخرجت من غمدها

وآخر الرمقْ

حين بدتْ

أخرجتِ البحرَ إلى الساحلْ

فأي دُرٍّ هذه البنت التي حين رأيت في الصباحْ

بدت كأنها سُحْبٌ تُدِرُّ والمجازْ

ظِلّ الفراديسِ

ونشوة العذابْ

تمائم الذكرى

حين رأيت البنت في الصباحْ
بدت كأنها
نار حواها الأسرُ
وأعارت للرياح سرّها
كأنها إشارة الذي يهوى
تباشير البروق إنْ تناءت ودنت
كأنها الوعول أعرضتْ
وأقبلتْ
غصن ترنّح في نقًا رجراج
من رياح عاصفات أو كرومْ
كَرْم تدثر بالندى
وصبَّحَ القلب اليتيمْ

حين رأيت البنت في الصباحْ
بدت كأنها الصباح نفسه
كأنها الوجود والعدمْ

أو المسافةُ التي بينهما

كأنها المرأةُ

كأنها التشبيه والتنزيهُ والما بينْ

كأنها أنا

حين رأيت البنت في الصباحْ

بدت كأنها

كأنها ...

كأنها بَدَتْ

ولابن عربي كلمة: العلاقة الجسدية سبيل إلى سمو الروح

علاقة الرجل بالمرأة تتجاوز الجسد المادى لترتبط ارتباطا وثيقا بثنائية الحب واللذة[1]. ويشير ابن عربى إلى علاقة ثلاثية أساسها الحب؛ فيقول: "والصورة أعظم مناسبة وأجلُّها وأكملها؛ فإنها زوج؛ أى شفعت وجود الحق، كما كانت المرأة شفعت بوجودها الرجل فصيرته زوجا. فظهرت الثلاثة: حق ورجل وامرأة، فحنَّ الرجل إلى ربه الذى هو أصله حنينَ المرأة إليه. فحَبِّب إليه [أى إلى النبى] ربُّه النساء، كما أحب الله من هو على صورته". ويرى ابن عربى أن المرأة وسيلة إلى معرفة الحق (الله)، وهنا يؤكد على قيمتها استنادا إلى الحديث؛ فيقول: "فابتدأ بذكر النساء وأخّر الصلاة، وذلك لأن المرأة جزء من الرجل فى أصل ظهور عينها، ومعرفة الإنسان بنفسه مقدمة على معرفته بربه، فإن معرفته بربه نتيجة عن معرفته بنفسه". وهذا يعنى أنه لا بد من أن يعرف المرأة التى هى جزء من نفسه أولا، ثم يعرف نفسه، وبهذا يكون قد عرف الله. فلا عجب فى نظر ابن عربى أن أحب النبى النساء، لأن المرأة جزء من الرجل، والأصل يحن إلى فرعه، والكل يحن إلى جزئه. وليس حب النبى النساء إلا مثالا جزئيا يوضح مبدأ عاما يسير عليه الوجود بأسره، وهو الحب الإلهى الذى هو حنين الحق إلى الخلق. ولكن الفرع يحن إلى أصله أيضا، والجزء يحن إلى الكل، ومن هنا جاء حنين الخلق إلى الحق.

وليس كلامنا عن الحب ببعيد عن اللذة، فالحب هو الذى يؤدى إلى طلب الوصال. وأعظم الوصال النكاح (الجماع) المؤدى —من ثَمَّ— إلى اللذة. وعن هذا يقول ابن عربى: "ولما أحب الرجل المرأة طلب

---

[1] نجد أكثر المعالجات الصوفية جرأة لهذه القضية فى كتاب فصوص الحكم لابن عربى والشرح المستفيض عليه لأبى العلا عفيفى. انظر: فصوص الحكم، محيى الدين ابن عربى، تحقيق وتعليق أبى العلا عفيفى، دار الفكر العربى، (د. ت).

الوصلة أى غاية الوصلة التى تكون فى المحبة، فلم يكن فى صورة النشأة العنصرية أعظمُ وصلةً من النكاح، ولهذا تعم الشهوة أجزاءه كلها، ولذلك أُمر بالاغتسال منه، فعمَّت الطهارة كما عمّ الفناء فيها عند حصول الشهوة. فإن الحق غيور على عبده أن يعتقد أنه يلتذ بغيره، فطهره بالغسل ليرجع بالنظر إليه فيمن فَنِى فيه، إذ لا يكون إلا ذلك". وهذا يعنى أن التلذذ يرتبط بطبيعة النشأة العنصرية للإنسان من حيث نفخ الروح الإلهى فيها "ولهذا تعم الشهوة أجزاءه كلها". أى أن اللذة هنا ترتبط بالناحية الروحية أساسا.

الباب الأول:
ما قبل مقدمات العشق

كيف تَسحر الحبيبةَ بالكلمات

أيها المحب؛ إذا أردت أن تتعلم بعضا من فنون الحب؛ فاقرأ قصيدة رقيقة فى العشق، واملأ جوانحك بها، ثم انثرها واملأ جنباتها ببعض عطر روحك، ثم أهدها إلى حبيبتك. من حقك أن تطمح إلى ما وراء الكلمات. الكلمات باب إلى الرقص، والرقص باب إلى الجسد. القصائد الجميلة تملأ الدنيا، لكنك تختار ما يملأ قلبك. أنت مَن اختار الكلمات، وأنت من أضاف إليها لمسته الروحية الفاتنة. تخيل ماذا سيحدث لها حين تقرأ في رسالتك[2]:

"حبيبتى ..

أنت أجمل من براءة الطفولة. أنت لى كالحلم، واللحن، والصباح الجديد . أنت كالسماء إذ تضحك، والليل حين يزينه القمر . أنت كالورد، وبسمة الأطفال! كم تملكين من الوداعة والجمال والطهارة التى تبعث قدسية علوية فى قلب حبيبك المعذب![3]

---

2 نثر لقصيدة "صلوات في هيكل الحب" لأبي القاسم الشابي.

3 اللوحة التّالية للفنان السوري جمال بوسّان.

كم تملكين من الرقة التى يكاد لأجلها يتخلق الورد من بدن الصخر! من أنت ؟ هل أنت أفروديت تسير بين الناس تارة أخرى لتعيد إلى العالم التعس شبابه والفرح؟ أم أنت ملاك جاء من الفردوس الى الأرض ليحيى روح السلام الآبد.

أنت رسم جميل عبقرى من فن أبدعه الكون؛ فإن فيك ما فيه من الغموض والعمق والجمال الأقدس . أنت فجر تجلى لقلبى فى الظلماء، فأراه الحياة فى أبهى حسنها، وكشف له أسرار الخلد . أنت روح الربيع إذ تمضى فى الدنيا مختالة، فيهتز الورد الرائع لمرآها، وتهب الحياة عطرها المسكر، فيغرد الكون.

كلما أبصرتك عيناى؛ خفق القلب للحياة ، وبرق الزهر فى حقل عمرى المقفر، وامتلأت روحى الكئيبة بنشوة الحب. أنت تُحيين فى فؤادى ما قد مات فى أمسى، وتشيدين فى خرائب روحى برج حمام أبيض، يحلق فى سماء الجمال. أنت تبثين فى نشيدى رقة الشوق والحلم، والهوى والغناء، بعد أن عانق الحزن أيامى وخنق غنائى.

أنت أنشودة الأناشيد. كلماتك هى إله الغناء والشعر. بك بدأت أغنيات المحبة، وتجلى عطر الورود، وتراءى الجمال يرقص رقصا قدسيا على نغمات الوجود. فى أفق روحك رقَّ الغناء، فتمايل الوجود كلحن عبقرى الخيال بخطوات سكرانة، وصوت كصوت ناى يصدح عن بعد. كل موضع فيك يسكرنى حتى الثمالة.

أنت الحياة إذ تتجلى فى وقت السَّحر . أنت الحياة فى رقة الفجر . أنت الحياة التى تتجدد كل أوان ممتلئة بالشباب. فيك الحياة وفى عينيك آيات سحرها. أنت عالم من الأناشيد والأحلام والسحر والخيال. أنت فوق الخيال ، والشعر ، والفن، وفوق العقول. أنت قدسى ، ومعبدى ، وصباحى . وربيعى ، ونشوتى ، وخلودى .

أنا وحدى من رأى فيك روعة الخلق يا ابنة النور . دعينى أحيا فى ظلك -قرب شجرة حسنك- حياة الجمال ، والفن ، والإلهام . والطهر ، والوضاءة ، وصدق العابد . دعينى أحيا مثل راهب يناجى الرب فى نشوة ذاهل، وامنحينى السلام وفرح الروح، وارحمينى ، فقد تهدمتُ فى كون من اليأس والظلام.

أنقذينى من الأسى فلقد ثقل علىَّ وجودى، كم ثقلت مفاتنك علىّ. إننى أسير تحت عبء الحياة مكبلا بالقيود فى شعاب الزمان والموت. كنت أسير بين الناس؛ نفسى كالقبر، وقلبى كالعالم المهدود : ظلمة، مالها ختام، وفزع يرتع فى سكونها بلا انتهاء . وكنت إذا ضجرت من عبث الناس؛ تبسمتُ بسمة مُرّة فى أسىَّ، كأنى أستل من الشوك الورد الذابل.

ها أنت معى؛ فاغمرى مشاعرى بمرح الدنيا، وشُدى من عزمى واملئينى باليقين. وابعثى فى دمى الدفء؛ لعلّى أتغنى بالمُنى مرة أخرى، وأبث الوجود أنغام قلبى. يا له من صباح جميل يُنعش بالدفء حياة المحطم الذى تحبين. أنقذينى. أنقذينى ، فقد سئمت ظلامى ! أنقذينى ، فقد مللت ركودى؟

لو تدرين -يا زهرتى الجميلة- ما جد فى فؤادى الوحيد الغريب: تتخلق أكوان ساحرة، وشموس وضاءة، ونجوم تنثر النور فى الفضاء اللانهائى. يتخلق ربيع كأنه حلم شاعر فى سَكرة الشباب. تتخلق رياض لا تعرف الظلمة أبدا. تتخلق طيور سحرية تتناغى بأناشيد المحبة والسلام. كل هذا يشيده سحر عينيك . حرام عليك أن تهدمى ما شاده الحسن بقلبى. حرام عليك أن تسحقى آمال نفس لا تصبو إلا إلى نظرة الرضى بعينيك. ما من إله عظيم يرجم العبد إذا كان ساجدا يتعبد فى محراب محبته".

اللغة الخاصة للعشاق

لا يخلو عاشق من حياء وتهتك. يرتبط ذلك بطبيعة الشخصية وبحالاتها أيضا. الحياء يستلزم التعبير عن الرغبة وأعضاء الجسد بلغة غير مباشرة، كذلك فإن طبيعة اللقاء الجسدي تستنفر الرغبة في استعارة أساليب المبدعين، وهو ما يدعو إلى استخدام الرمز دون التعبير المباشر.

المجاز

اللقاء الجسدي لقاء خاص يجعل من الحبيبين كيانا خاصا يحتاج إلى لغة خاصة تُشعرهما باختلافهما عن كل ثنائي آخر. لهذا كله يحتاج الحبيبان إلى لغة خاصة يستخدمانها أثناء اللقاء أو للإشارة إليه في سياقات أخرى. وكلما اتسع قاموسهما وتعارفا على رموزه زادت سعادتهما بخصوصيتهما. هذا عاشق يسمى أيره بحرا، ليثير في نفس الحبيبة الشوق ومشاعر الانتشاء والغمر، وليحيل إلى معنى القذف والمد والجزر. هذا المعنى المجازي قد يدفعهما إلى أن يسميا الفرج شاطئا أو مرساة. تسميته بالشاطئ موحية جدا، وتمنح إحساسا دافئا بالاحتواء والاحتضان.

أسطورة الأنا

كل إنسان يخلق أسطورته الخاصة في تجليات تواصله المختلفة. هذا الرجل يرى نفسه بحرا يقترب من شاطئ العشق (حبيبته) بأناة وعلى مهل، كأنه يكتشف عطر ذلك الشاطئ وروائحه الأليفة. يبدأ هادئا كأنه صامت، ولا يلبث أن يعلو إيقاعه ليهدر صاخبا، وقد يعلو ويعلو حتى يصل إلى حالة الهدوء الكامل بعد أن يشبع من أحضان شاطئه الحبيب. لكنه كذلك قد يفضل أن يحيا حالة من المد والجزر

فيعلو ويكاد يشبع ثم يعود إلى حالة الهدوء مرة أخرى، ليعطي الفرصة للحبيبة فتكون البحر ويصير هو الشاطئ، حتى يصلا في نهاية الأمر إلى حالة السلام الجميلة إذ يهجع البحر إلى حضن الشاطئ، دون أن نعرف أيهما البحر وأيهما الشاطئ.

حكاية: 4

لم يكن الحمّال ينتظر في مطلع يومه أكثر من رزق قليل يأتيه، ليكفيه شر السؤال. كتفاه القويتان تنتظران حملا ثقيلا لرجل ثري أو لإحدى السيدات المنعمات. أما قلبه المرهف الرقيق فلا يكاد ينتظر شيئا سوى أن يهنأ بنظرة هنا أو لفتة هناك. هذا قلب ظامئ، ولكن من أين تأتيه شربة الارتواء في حَرّ بغداد؟

لم تشفع له وسامته المختبئة وراء فقره، ولم يشفع له قوامه الذكوري اللافت؛ فنظرة الحرمان في عينيه كانت تخفي الكثير من ملامح جماله الظاهر والباطن.

استغرق في حلم يقظة للحظات. رأى في حلمه امرأة ذات دلال وجاه وجمال تدعوه إلى أن يحمل عنها ما تشتريه من السوق، ثم تنتظر إليه مليًّا وهي تعطيه أجره، فتعجب به وتدعوه إلى بيتها للمسامرة والمنادمة.

أفاق على نداء. صوت أنثوي -به كل الغنج والإغواء- يقول: "هات قفصك واتبعني". قال في نفسه: "بل آخذ كل جسدي وروحي وأتبعك". كانت امرأة ملتفة بإزار موصلي من حرير مزركش بالذهب.

---

4 حكاية الحمال والبنات الثلاث فيها إشارة إلى مجاز خاص يحفل بالدعابة إلى جانب الفعل الجسدي المدهش، وأقدمها هنا مختصرة من ألف ليلة وليلة.

حين رفعت غطاء وجهها وهي تحدثه؛ بان من تحته عيون ناعسة على وجه امرأة ناعمة الأطراف كاملة الأوصاف.

كانت كل اختياراتها من الفاكهة وغيرها تنم عن ذوق رفيع. اشترت تفاحا شاميا وخوخا عمانيا وياسمينا حلبيا وليمونا مصريا. لم تنس شراء الخضر واللحم. بدا على الحمّال الشعور بالقلق لكثرة ما وضعت في القفص، لكن السير وراء غزال تهون معه كل الأثقال. لم تغفل عيناه عن استدارات جسدها، واهتزازاته المزلزلة. وهي بدورها لم تكن بغافلة عن نظراته. أطالت الوقوف عند الحلواني، حتى ظن أنها ستنقل كل ما عنده. اشترت الكنافة والمشبك والقطائف وأصابع زينب ولقيمات القاضي، ثم وضعت كل ذلك في القفص. ابتسم الحمال وقال لها: لو أعلمتِني؛ لجئت معي ببغل يحمل كل هذه الأشياء". ابتسمت من قلبها؛ فقال: والله هذا نهار مبارك!

استغرقت وقتا مماثلا لدى العطار. اشترت غير قليل من ماء الورد والمسك واللبان والعود، وأكثرت من البخور الهندي والشمع الإسكندراني، وأثقلت القفص بحمولة من عنبر.

حمل القفص وتبعها، إلى أن أتت دارا مليحة، قدّامها رحبة فسيحة، وهي عالية البنيان مُشيدة الأركان. دقت دقا لطيفا؛ فانفتح لها الباب. نظر الحمّال إلى من فتح الباب؛ فوجدها صبية طويلة الأهداب، رشيقة القد، قاعدة النهد، ذات حسن وجمال، وقد واعتدال، وجبين كثغرة الهلال، وعيون كعيون الغزال، أما حواجبها فكانت كهلال رمضان، وخدودها كشقائق النعمان، وفمها كخاتم سليمان.

كاد القفص يهوي من فوق كتفه، لولا ستر الله. دخل الحمّال وراءهما، وقد تاه عقله، وزال عنه كل تعب. ضاع رشده حين رأى الثالثة بوجهها الذي يخجل الشمس المضيئة. قال بصوت كاد يصل إلى أسماعهن: "اللهم أعنّي على تحمل كل هذا الجَمال؛ فقد ثقلت مفاتنهن عليّ".

أنزلن عنه الحمل، وأعطينه دينارين؛ فأخذهما مترددا، ووقف أمامهن متحيرا؛ فضحكت الثالثة بدلال وعتاب قائلة: "أتريد المزيد؟". قال: "بل انشغل قلبي وسِرّي بكن". نظرت إليه مستفهمة؛ فقال: ما عندكن رجل يؤآنسكن، وأنتن تعرفن أن البنيان لا يرتفع إلا على أربعة أركان". قالت وقد بدأت تأنس إليه: "لا حاجة بنا إلى رجل يا رجل". التفت إلى نطقها الممطوط لكلمتها الأخيرة؛ فقال: "ليس النساء إلا بالرجال. أنتن ثلاثة وتفتقرن إلى رابع، يكون رجلا عاقلا لبيبا، حاذقا لطيفا، مؤنسا كاتما للأسرار".

يبدو أن الثالثة قد مالت إليه بعض الميل؛ فقالت لأختيها فيما يشبه الرجاء: "أراه شابا صبوح الوجه، عليه إمارات الطيبة". قال: "والشقاوة أحيانا". ابتسمن وأجلسنه بينهن إلى جانب مسبح الماء، فظن أنه في حلم، وقال لنفسه: "ليت أنَّا لا نفيق".

لم يزل الحمّال يشرب معهن، وهذه تكلمه، وهذه تجذبه وتلك بالورد تضربه، حتى لعبت الخمرة بعقولهن، فقامت الأولى وتجردت من ثيابها، وصارت عريانة، ثم رمت بنفسها في الماء، وأخذت قليلا من الماء في فمها وبخّت الحمّال، ثم غسلت أعضاءها وما بين فخذيها، وحين طلعت ألقت بنفسها في حجره وهو في دهشة من أمرها وأمره. قالت له: "يا حبيبي؛ ما اسم هذا؟" (وأشارت إلى فرجها). قال الحمال: "هذا رَحِمك". فقالت: "يوه!! أما تستحي؟" ومسكته من رقبته فقال: "إذن هذا فرجك". فقالت: "غيره". فقال: "زنبورك". فظلت تضربه بكل دلال، حتى قالت: "ليتك تتبين الظلمة من النور، لتعلم أن هذا حَبَق الجُسور".[5]

---

5 اللوحة التالية من كتاب ألف ليلة وليلة، ط المكتبة السعيدة، القاهرة.

ومسكته من رقبته وصارت تمسكه

ثم إنهم أداروا الكاس والطاس، فقامت الثانية وخلعت ثيابها وسبحت في الماء كأنها عروس البحر، ثم خرجت وألقت بنفسها بين يديه، وسألته عن ذلك الهارب من أسر الثياب؛ فحار في الجواب. قرصته في أذنه وقالت: "يا جاهلا بنفيس البذور؛ هذا هو السمسم المقشور".

ثم قامت الثالثة، وكشفت عن ساقيها، ثم فرجها وبطنها وصدرها، ومنحت عينيه دبرها، وألقت بنفسها في الماء، فسبحت عيناه وراءها، حتى خرجت وجسدها يقطر ماءً، فأشارت إلى فرجها وسألته: "ما هذا؟" فقال لها: "بأبي أنت وأمي. ما أنا إلا جاهل رمته الأقدار بين أيدي عالمات بالأسماء. ولست أعرف منها سوى الفرج والرحم، والزنبور والكس، والخافق والدافق". كان وهو يتحدث يطيل في الكلام، سارحا ببصره في فاتن الملامح، هذا المستقر بين فخذيها. أمسكت بذقنه ورفعت عينيه إليها، وقالت: "إن لم تكن عالما بالبيوت والدور؛ فإنما هذا خان أبي منصور".

ضحك الحمّال حتى استلقى على قفاه، ثم قام وألقى بنفسه في البحيرة، مستمتعا بالنسيم والماء والشمس الغاربة والمساء المقبل على استحياء، وخرج فألقى بنفسه بينهن، واضعا رأسه على ركبتي الأولى ويديه في حجر الأخريين، ثم أشار إلى ما بين فخذيه، وسألهن: "ما هذا؟". ضحكن من سؤاله حتى استلقين على ظهورهن، وقلن في صوت واحد: "هذا زبك". قال: "لا". قلن: "أيرك". قال: "لا". ثم طلب من كل واحدة قبلة وحضنا عقابا على جهلهن، وهن يضحكن غير نادمات على دعوتهن إياه إلى المجالسة والشراب.

قلن له: "وما اسم هذا الشيء الخطير، يا أيها الحمّال الخبير؟". قال بخبث الرجال، وهو ينقل عينيه بينهن على التوالي، وعيناه تفضحان نياته الخبيئة: "هذا اسمه **البغل الجَسور**، الذي يأكل **حبق الجُسور**، ويلعق **السمسم المقشور**، ويبيت في **خان أبي منصور**".

ومضة: رؤيا

"من رأى في نومه فرج المرأة: إن كان في كربة؛ فرج الله عليه، وإن كان في شدة؛ زالت عنه، وإن كان ذا فقر؛ اغتنى؛ لأن تصحيفه: فرَج. وإن كان طالب حاجة؛ قُضيت، وإن كان ذا دين؛ أُدّي عنه، وإن رآه مفتوحًا؛ فأحسن وخير.

وإن رأى فرج الصبية الصغيرة- غير المدخول بها- أنه مفتوح ورأى قعره، أو لم يره، لكنه مفتوح الفم؛ يعلم أن أصعب الحوائج تقضي له، لكن بعد الأياس [اليأس[؛ فيسهل قضاؤها في أقرب وقت على يدَي من لا يخطر بباله.

ورؤية النكاح أيضاً: إذا رأى أنه ينكِح، وكَمُل نِكاحه ونزل مَنِيُّه؛ تُقضَى له حاجته. وإن نكح ولم يكمل ولم ينزل منه شيء؛ فالحاجة التي يطلب لا تقضى. وقيل إن الناكح ينال غرضه من المنكوح." [6]

ومضة: الفرْج وحساب الجُمَّل [7]

"وللحِرِّ [فرْج المرأة] أسرار عجيبة لا يتفطن لها [إلا] ذوو العقول الراجحة. ومما يدل على جلالته أن أسماءه المشهورة عند العامة إذا حَسبتَ حروفها بحساب الجُمَّل الكبير؛ بان لك فضله وعظيم قدره.

---

6 الروض العاطر، ص ص 106–107 .

7 طريقة لحساب قيمة الحروف بترتيبها الأبجدي، فالألف قيمتها واحد، والباء اثنان، والجيم ثلاثة . . والطاء تسعة، والياء عشرة، والكاف عشرون، واللام ثلاثون . . . وهكذا . واشتهر به اليهود وارتبط بالسحر.

فمن أسمائه المشهورة (كس): الكاف بعشرين والسين بستين؛ فصار الجميع ثمانين، والموازي لهذه الجملة التي هي ثمانون في الحساب من الكلام (مواهب طيبة)؛ لأن الميم أربعون والواو ستة والألف واحد والهاء خمسة والباء اثنان والطاء تسعة والياء عشرة والباء اثنان والهاء خمسة؛ فصار الجميع ثمانين موازية لعدد الكس.

ومن ذلك (حِرّ)، وحروفه بحساب الجمل مائتان وثمانية، والموازي لهذه الجمل من الكلام (نِعَمٌ جَمَّة)؛ لأن النون خمسون والعين سبعون والميم أربعون والهاء خمسة صار الجمع مائتين وثمانية.

ومن أسمائه (فَرْج)؛ فإن أهملتها كان فرحا، وإن حركته كان فَرَجا؛ وهو النصر بعد الشدة. وإن جملة حروفه وعددها على ما تقدم كان مائتين وثلاثة وثمانين؛ لأن الفاء ثمانون والراء مائتان والجيم ثلاثة، والموازي لذلك من الكلام (نِعَمٌ حسنة)؛ لأن النون بخمسين والعين بسبعين والميم بأربعين والحاء بثمانية والسين بستين والنون بخمسين والهاء بخمسة؛ فيصير الجميع مائتين وثلاثة وثمانين.

ومن أسمائه (هَنٌ)، وجملة عدد حروفه خمسة وخمسون، والموازي لهذه الجملة من ذلك (هو حلو)؛ لأن الهاء بخمسة والواو بستة والحاء بثمانية واللام بثلاثين والواو بستة؛ فصار الجملة خمسة وخمسين. فكأنه قد اختص بذكر المواهب الطيبة والنعم الحسنة وبالحلاوة، وما كانت هذه صفته يجب أن يُحَبَّ ويُعشَق ويفضَّل على سائر اللذات كله." [8]

[8] رجوع الشيخ، ص 308 – 309.

الباب الثاني:

مقّدمات العشق: اللمس، التقبيل، الضم،

العض، المَصّ، الرَّهز

التأهب للقاء

كل شيء في هذا المساء ينبئ عن شيء جميل. الحبيب مغمور بحالة من السكينة والتسامح والرضا. بعيد عنه كل البعد تلك الرغبة في الشجار والخصام، وإن كان خلاف المحبين يُشتهى أحيانا لينثر الفلفل والبهار على السكون. حالة الرضا وشمول السكينة يدفعانه إلى أن يتأنق ويعتني بردائه وجسده. ليس في نيته شيء صريح يثير الريبة أو يحرك الرغبة الصريحة لدى حبيبته. لكن الحبيبين طوال اليوم –من آن إلى آخر– لا تنقطع إشارات الرغبة والمحبة وحالات المزاح العابث بينهما، كأنهما يتواعدان على التواصل الحميم، حين تسنح الفرصة ويعلن الجسدان عن رغبتهما المشتركة في الوصل والوصال.

تحمَّمَ وتعطر؛ فشعر بجسده خفيفا، وبروحه خفاقة، وحانت منه التفاتة إلى الحبيبة؛ فأزهرت في جسده وروحه جَنّات، وفاح من بساتينه عطر الروح وشوق الجسد.

كان الضياء خافتا، وصوت خرير النافورة الصغيرة ينساب لينعش الروح، وصوت الشوق ينساب كأنه زقزقة عصافير الصباح الطازج.

قبلات على اليد والجبين والكتف وعلى العينين تدق باب الجسد؛ فينصت. لمسة حانية متأنية على الشعر، تصحبها نظرة دافئة لا تخلو من تنهيدة عشق –تفتح المغاليق واحدا إثر الآخر.

اقترب منها وقال لها: أريد أن أُسْمِعك مقطوعة شعرية قرأتها، وخلبت لُبّي، وذكرتني بعض كلماتها بك. ابتسمت له ودعاها الفضول إلى القبول؛ فقرأ لها:

"لقد سُرق ثوبي منى

وساعداي النحيلان لم يحميا نهديّ

التصقتُ به لأستر نفسي

ولكن لما غاصت يده بين الفخذين

من كان بوسعه انتشالي

كي لا أغرق في بحر العار؟

لولا أن إله العشق علّم النساء الإغماء".[9]

تبتسم لدى سماع الكلمات، وتهمس له: ما أجمل الشعر على لسانك يا حبيبي! ما حياتي إلا قصيدة شعر جميلة أحياها في حضنك وبين يديك، وفي أرجاء بيتنا الذي تغمره محبتك.

النظرات المتشوقة والقبلات الواعدة واللمسات الحانية المبهجة تشبه السحب في المساء إذ تنذر بالغيث والخير العميم. ما أجمل المطر بعد أن أهلّت بشائره! الحبيبة تترقب القطرة الأولى. أوّلُ الغيث قطرة، والأرض عطشانة للارتواء، حتى لو كان المطر قد زارها بالأمس القريب. إنه الشوق؛ فمن ذا الذي يقيسه بالساعات والأيام!

---

9 للشاعر الهندي بيلهانا (ولد 1100م).

الإغواء بالحلم

ابتسمت وراحت فيما بشبه الغيبوبة. قال لها: يبدو أنها كانت ليلة بلا نوم ... كانت أحلاما وحسب.

ابتسمت وقالت: خيرا.

قال لها: رأيتك في حلمٍ للحظة تنامين نصف نومة على سرير متكئة على وسادة، ترتدين ثوبا أبيض شفافا، لكن جسدكِ غير بادٍ، وكأنه روح جمال غامر.

قالت: رأيتك في الحلم وكنت نائمة على جنبى الأيسر عارية، وأنت بجانبى تُقبل رقبتى ثم تنزل رويدا رويدا تقبل صدرى ثم سُرتى، ثم تنزل إلى الموضع الذي تعشقه وتبدأ في تقبيله، لكنك سامحك الله في تلك اللحظة ناديتنى فأيقظتنى من الحلم، وكنت أود أن أكمله إلى منتهاه.

قال لها: ما لا يكتمل في الحلم يكتمل في الواقع. وابتسم عاشقا ومغويا.

القُبلة

"من ذاق؛ عرف".

قول صوفيّ

فاجأها ذلك المساءَ بقبلة حانية على رأسها؛ فأغمضت عينيها مستمتعة بحنانه الرقيق. أخذت كفيه بين يديه وطبعت في كل منهما قبلة عميقة، فكأنما غاص وجهها في داخل كفه ليرتشف منها الماء العذب أو الرحيق المذاب. قُبلتها أنزلته من عليائه، فمرُ بكفيه حول خديها، وجلس بجانبها، ودنا من شفتيها وجهها لوجه وشفة لشفة، وأخذ قبلة صغيرة في صمت. نظرت الحبيبة إليه مبتسمة، واستلقت على السرير إلى جواره بدلال يعرفه.

يروق له في هذا المساء أن يُقبِّل كل جسدها. توقعت أن يستلقي إلى جانبها محتضنا إياها، فإذا به يستلقي بوجهه إلى جانب قدميها، ويقبل الأصابع واحدة بعد الأخرى، وبترتيب وهدوء. يقشعر بدنها وتصل القشعريرة إلى شعر رأسها. كيف لا، وهو يلحس بلسانه ما بين أصابع قدميها. يا له من عاشق

يستمتع بكل تفصيلة من تفاصيل جسد حبيبته بتأنٍ رقيق! يُقبِّل باطن هذه القدم وتلك، ثم يصعد إلى أعلى الساق، كأن ثمّ نُقطا مرسومة متوالية على الساق يقبلها واحدة بعد الأخرى.

يطلب من حبيبته أن تنام على وجهها، فيقبل الساقين من الخلف، حتى يصل إلى عجيزتها، فيقبلها بهدوء حتى يصل إلى أعلى مفرقها الطهور، فيُغرق ظهرها بقبلاته المصحوبة بلمسات يديه الرقيقة، وقد تصبح القبلات عضا خفيفا أو تقبيلا مصحوبا بلحسات من اللسان المتعطش لنبضات الجسد. يا لها من لحظة مذهلة حين تصل القبلة إلى عنق الحبيبة! هذا وقت التأوهات يا حبيبتي فاملئي أذني بها وبآهات الرغبة والشوق والحنين. يا لك من عاشق صبور يعرف كيف يستمتع بهذه اللحظات الخالدة في ذاكرة القلب!

ها أنت تطلب من الحبيبة -بالقول أو بالحركة- أن تنام على ظهرها لتكمل رحلة القُبل. لكنك هذه المرة تبدأ من الجبين وتنزل إلى الأنف فتقبله، وتميل إلى الخدين ثم الشفتين -في عجالة- كأنك تمنحهما وعدًا بالرجوع إليهما فيما بعد والتلبث في محرابها كما تشاء. ما ألذ القبلة على ذقن الحبيبة ورقبتها وما فوق نهديها وما بينهما.

قبلات سريعة على النهدين لأن وقوفك هناك يعني أنك لن تغادر ذلك الموضع حتى يقضي الله أمرا كان مفعولا. آهِ أيها العاشق مما ستصل إليه بعد قليل؛ إنها السُرّة وما أدراك ما السُرّة! تلبَّث قليلا لتقبل وتلحس بلسانك مرتشفا ألذ الشراب. قلبك يكاد يتوقف من الفرحة لأنك تكاد تصل بقبلاتك إلى أرض الكلأ والعشب الوثير. كن حكيما ومُرَّ من هناك بقبلات غير متلبثة لتكمل مسيرتك إلى حيث بدأت.

أيها العاشق المتبتل؛ استمتع بتقبيل الفخذين والساقين حتى تصل إلى القدمين. ضمهما إلى صدرك وقبلهما معا قبلة طويلة. عد بشفاهك إلى شفتيها. مُرّ في طريق العودة بساقيها وفخذيها وفرجها وبطنها حتى تصل إلى الشفتين، لكنك في هذه الرحلة لن تقبل أجزاءها الكريمة، بل ستمر بسرعة كأنك تستنشق جسدها.

تلبَّث عند الشفتين، واعلم أنك الآن أمام الكثير مما يستحق أن تستمتع بتقبيله، كأنك تعزف على آلة موسيقية وبين يديك حروف قليلة، لكنك ستصنع منها ما لا يحصى من النغمات. أظن أنك من الحصافة بحيث إنك لن تتجاهل لسانها وأسنانها ولثتها. هل سيلمس فمك فمها بدون إغراق في القبلة؟ أم ستلمس شفتها السفلى بشفتك السفلى؟ أم ستلمس العليا بالعليا؟ أم ستأخذ إحدى شفتيها بين شفتيك ضاغطا؟ هل ستضع الشفتين على الشفتين ووجهاكما متواجهان؟ أم ستحني رأسك لتتمكن من شفتيها وتحتويهما بين شفتيك وتمصهما إلى أن تترشف رضابها؟ هل ستأخذ لسانها بين شفتيك، ثم تمنح شفتيها لسانك؟ هل ستُدخل شفتيك في فمها لتقبل أسنانها ولثتها وتمرر عليها جميعا لسانك؟ أحسنت أيها العاشق الرائع! لم تخذل حبيبتك، وفعلت كل ما كانت تتمناه. لكل قبلة مذاق. ها أنت تكلل كل صور متعتك في القبل بأن تمرر لسانك على شفتيها كأنما ترسمهما من جديد بلسانك الذي حوَّلته إلى فرشاة مبدع عبقري. لا بأس إذا رسمتهما أُكثر من مرة؛ فألوان هذه الفرشاة خفيفة خفيفة.

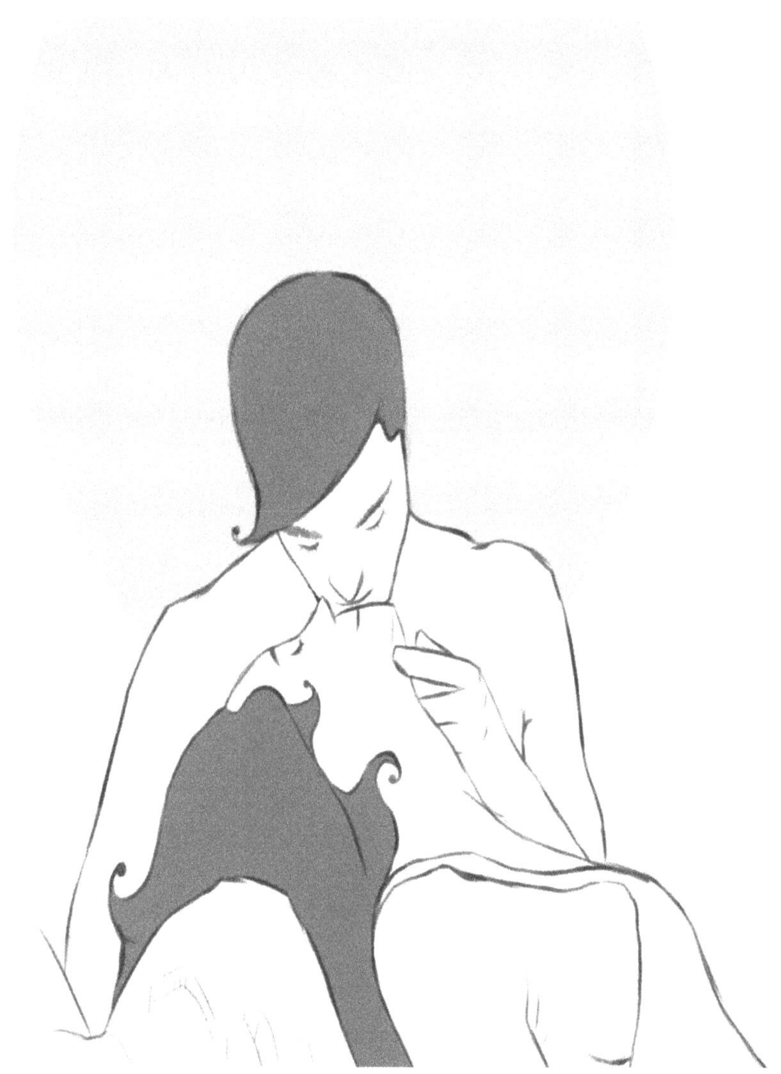

ما لك أيها العاشق تتخلى عن رقتك وتقبل الحبيبة هذه القبل الآن بكل هذه اللهفة والشدة، فتضغط على شفاهها كأنك لا تخشى عليها من الألم؟ إنك تعلو إذن بالإيقاع لتصدح الآلات المزلزِلة. هذا لا يعني أبدا أن السيمفونية أوشكت على الانتهاء. الإيقاع إيقاعكما، والحبيبة لن تتركك وحدك تقود أوركسترا المتعة واللذة والسعادة.

ومضة: الدعوة الأولى

"واعلم أن القُبلة أول دواعي الشهوة والنشاط وسبب الإنعاظ والانتشار، ومنه تقوم الأيور وتهيج الإناث والذكور، ولا سيما إذا خلط الرجل ما بين قبلتين، بعضّة خفيفة وقرصة ضعيفة، واستعمل المص والنخر والمعانقة والضمة؛ فهنا تتأجج الغلمتان، وتتفق الشهوتان، ... وتكون القُبَل مكان الاستئذان."[10]

ومضة: أحسن منها

قالوا إن أي عمل يقوم به أحد العاشقين تجاه الآخر؛ يجب أن يُرَدَّ عليه بالمثل؛ لكننا نقول: "وإذا حييتم بتحية فحيوا بأحسن منها أو رُدّوها".

---

10 رجوع الشيخ، ص 357.

ومضة: تقبيل القَدَم

يقول الشاعر

قبَّلت رِجل حبيبي فازورَّ واحمرّ خدا

وقال: تلثُم رجلي لقد تنازلت جدا

فقلت: ما جئت بدعًا ولا تجاوزت حدا

رِجل سعت بكِ نحوي حقوقها لا تؤدَّى؟[11]

رشْف الرُّضاب

تراهَنا: من يُمسك بلسان الآخر بين شفتيه أثناء التقبيل؟ كانت تريد له الظَّفَر، فأمْكَنَته. بعد قليل من القبلات والمحاولات، التهم لسانها بين شفتيه؛ فأخذ يمصه كأنه أرض عطشى إلى مطر لسانها. أطال المص حتى نزلت حلاوة لسانها في قلبه.

ومضة: ولها أنواع

القبلة أنواع؛ وهذا تعريف بعضها:

"عندما تلمس الفتاة فم عشيقها بفمها ولكنها لا تقوم من جانبها بالعمل؛ فإن ذلك يسمى القبلة الاسمية.

---

١١ بهجة النظر، ص 208.

عندما تتخلى الفتاة عن خجلها بعض الشيء، وترغب في أن تلامس الشفة المضغوطة في فمها –
وتحقيقًا لتلك الغاية تحرك شفتها السفلى ولكن ليس العليا– فإن ذلك يسمى القبلة النابضة.

وعندما تلمس الفتاة شفة عشيقها بلسانها، وتغمض عينيها، وتضع يديها فوق يدي عشيقها؛ فإن ذلك
يسمى قبلة اللمس.

وهناك مؤلفون آخرون يصنفون أنواعًا أربعة أخرى من القبل؛ هي: القبلة المباشرة، القبلة المنحنية،
القبلة المدارة، القبلة المضغوطة.

عندما تلتقي شفاه العاشقين مباشرة فإن ذلك يسمى القبلة المباشرة.

عندما ينحني كل من العاشقين برأسه نحو رأس الآخر، ويتبادلان القبلة في هذا الوضع؛ فإن ذلك
يسمى القبلة المنحنية.

وعندما يمسك أحد العاشقين برأس الآخر وذقنه، ويرفع وجهه إلى أعلى، ويقبله وهو في ذلك
الوضع؛ فإن ذلك يسمى القبلة المدارة.

وأخيرًا فإن الضغط على الشفة السفلى بقوة كبيرة يسمى القبلة المضغوطة ...

وعندما يقبل الرجل شفة المرأة العليا، بينما هي بدورها تقبل شفته السفلى؛ فإن ذلك يسمى قبلة الشفة
العليا.

وعندما يأخذ أحدهما شفتي الآخر بين شفتيه؛ فإن ذلك يسمى قبلة العُروة، والمرأة على كل حال هي
التي تأخذ مثل هذه القبلة من رجل ليس له شاربان.

وفي حالة هذه القبلة إذا لمس أحدهما بلسانه أسنان ولسان وسقف حلق الآخر؛ فإن ذلك يسمي قبلة حرب الألسنة. وبالطريقة نفسها عليهما أن يمارسا ضغط الأسنان بأن يضغط أحدهما أسنانه على فم الآخر...

عندما تنظر المرأة إلى وجه عشيقها وهو نائم، وتقبله تعبيرًا عن نيتها أو رغبتها؛ فإن ذلك يسمى القبلة التي تشعل الحب.

وعندما تقبل المرأة عشيقها، وهو مشغول بأداء عمل من الأعمال أو وهو في شجار معها أو هو ينظر إلى شيء آخر، وذلك لتصرفه عما هو فيه؛ فإن ذلك يسمى القبلة المحوِّلة.

وعندما يقبل شخص رسم الشخص الذي يحبه في المرآة أو الماء أو على جدار؛ فإن ذلك يسمى القبلة التي تعبر عن النية.

وعندما يقبل شخص طفلًا جالسًا في حضنه أو رسمًا أو تمثالًا في حضور من يحب؛ فإن ذلك يسمى القبلة المحوَّلة."[12]

---

[12] الكامسوترا ص ص 61– 63.

في المحادثة والقُبل والمزاح

الضمة أنواع ولكن...

تدنو منه وهو أمام المرآة يوشك أن ينتهي من حلاقة ذقنه، وعيناه لا تغفلان عن أمواج بحر تمور في داخل الحبيبة. أحس بقلبه ينتفض وهي تدنو منه هادئة باسمة، وعيناها تقرآن ملامح جسده ولفتاتِه بكل الشوق والحنين.

التصقت به من الخلف، وأمالت رأسه إذ ينظر إلى المرآة، ونظرت إليه نظرات تاه في تأويلها، وإذا بها تطبع على شفتيه قبلة أرغمت عينيه على الإغماض للحظات. اعتدل والتف بجسده إليها وابتسامة – كأنها مركب بشراع أبيض– عبرت وجهه، وقال: أعشق اللبلاب. قالت: ولِمَ؟ قال: هذه الضمة اسمها ضمة النبات المتسلق. قالت أنت تسميها هكذا؟ قال: بل هذا من كلام الهنود بارك الله فيهم. وأين هذه من ضمة الحليب والماء، وضمة خلط السمسم بالرز؟ قالت: هذه سوق المحبة إذن. ابتسم. أجلسها على الأريكة إلى جانبه، وقرأ:

"– عندما تلتصق امرأة برجل كما يلتف نبات متسلق حول جذع شجرة، وتحني رأسه نحوها رغبة في تقبيله ... وتضمه وتنظر إليه نظرات مليئة بالحب، فإن ذلك يسمى التفاف النبات المتسلق.

– عندما تضع المرأة إحدى قدميها فوق (قدم) عشيقها، وتضع القدم الثانية على فخذه، وتلف إحدى ذراعيها على ظهره والأخرى على كتفيه، وتحدث أصواتا منخفضة من الغناء والهديل، وتبدو وكأنها ترغب أن تتسلقه لتقبله؛ فإن ذلك يسمى ضمة تسلق الشجرة. هذان النوعان من الضمة يحدثان عندما يكون العاشق واقفا.

– عندما يستلقي عاشقان على سرير، ويتعانقان عناقا متلاصقا، إلى حد أن ذراعي وفخذي الواحد يحيطان بذراعي وفخذي الآخر، ويحتكان بهما؛ فإن ذلك يدعى ضمة خلط السمسم بالرز.

– عندما يحب رجلا وامرأة بعضهما (بعضا) حبا شديدا، ويضمان بعضهما بعضا بعنف كما لو كان الواحد منهما يريد أن يدخل في الآخر دون تفكير في أي ألم أو أذى...؛ فإن ذلك يسمى ضمة امتزاج الحليب بالماء.

– عندما يضغط أحد العاشقين بقوة على إحدى فخذي الآخر أو على كلتيهما بين فخذيه؛ فإن ذلك يسمى ضمة الفخذين.

– عندما يشد الرجل الجاغانا (أي القسم المتوسط من جسم المرأة) إلى القسم نفسه من جسمه هو، ويعلوها ليمارس عملية حك الأظافر أو الأنامل أو ليعضها أو ليضربها أو ليقبلها...؛ فإن ذلك يسمى ضمة الجاغانا.

– عندما يضع الرجل أحد ثدييه بين نهدي المرأة ويضغط به عليهما؛ فإن ذلك يسمى ضمة النهود.

– عندما يلمس أحد العاشقين فم أو عيني أو جبين الآخر بفمه أو عينيه أو جبينه فإن ذلك يسمى ضمة الجبين...[13]

أبعدت الكتاب بيديها، واقتربت منه، وأمسكت بكلتا يديه، ووضعتهما خلف ظهره، فأصبح ملك يديها بلا سلطان، دنت بجسدها كله حتى غابت بينهما المسافة، ومرت بلسانها على ذقنه حتى وصلت إلى

---

[13] الكاماسوترا، ص ص 58–59.

شفتيه فمرّت عليهما بشفتيها من اليسار إلى اليمين ثم من اليمين إلى اليسار، ثم استقرت الشفتان على الشفتين في قبلة طويلة غاب فيها كل ما قرآ من كلمات وما عرفا من لغات.

أطلقت سراح يديه، ثم رجعت قليلا إلى الخلف، وقالت: إذا عرفت اسم هذه الضمة ستكون اليوم أميري، وفارسي ولا أعصي لك أمرًا، أما إذا لم تعرفها؛ فسأكون مليكتك، وأركب الحصان ولا أنزل إلا حين أشاء.

ابتسم من أعماق قلبه، وقال: اليوم أريدك مليكتي وفارستي، فاعتبريني أجهل الجاهلين. وقال في نفسه: تظنني أجهل ضمة "قيد العاشق". انسابت من فوق الأريكة وجلست على ركبتيها في الأرض على يسار الحبيب وهو جالس مسترخٍ، فأسقطت نهدها الأيمن البعيد في يده اليسرى الممدودة فوق الأريكة، فلف يده اليمنى حول ظهرها. أنفاسها دعته، فلبّى النداء. قبَّلها من جبينها وبين عينيها فألقت جسدها في حضنه، ثم ضمته بقوة وصهلت صهيل فرس جموح؛ ثم سألت: وماذا تسمي هذه الضمة؟ قال: هذه "ضمة العابد". فغابت في حضنه من جديد. إنه الآن بين يديها، ويمكنها أن توجه الشراع كما تشاء. تستطيع أن تقبله، أو أن تلحس ما بين فخذيه، أو أن تصعد إلى ركبتيه. إن ما ستفعله الحبيبة الآن هو مفتاح السعادة لهذه الليلة. فماذا ستفعل؟ هذا ما لن يعلمه أحد سواهما، ومن يقرأ هذه الكلمات.

ومضة: الأُنس

"الجماع بلا مؤانسة [هو] من الجفاء؛ فإنه يجب على الرجل أن يتجمل بالفضيلة."[14]

ومضة: أبواب السعادة إلى فردوس الحبيبة

اللمسة باب، والقبلة باب، وصَبَوات اللسان باب؛ فادخل من أي باب شئت، وإن أردت السعادة فادخل من كل باب. الحقيقة ذات أوجه، والسعادة بين الحبيبين هي حقيقة الحقائق؛ فكم لها من الوجوه؟

ومضة: علامات إبداء الرغبة

"وعلامة العاشقة أن تكون كثيرة التنهد. إذا سئلت عن شيء؛ أتت بغيره، وتظهر محاسنها لغيره وإياه تعني، وتكثر التثاؤب والتمطي والكسل. وإن كان في المجلس صغير؛ تلاعبه وتمسد شعره وتعبث [به] وتعض شفتها، ويعرق جبينها، وتدمع عيناها، وتنظره مسارقةً، وتحتال لمزاحه، وإن جاز عليها [أي مر بها] ولم يرها؛ تنحنحت. وتلاطفه بالرائحة الطيبة."[15]

حكاية المرأة الألْفية

"كان بالهند امرأة تُعرف بالألْفية؛ وذلك أنه قد وطأها ألف رجل، وكانت أعلم أهل زمانها بأحوال الباه [الجماع]، وأن جماعة من النساء اجتمعن إليها، وقلن لها: أيتها الأخت أخبرينا عما نحتاج إليه ونعمله،

وما الذي يثبِّت محبتنا في قلوب الرجال، وما الذي يتلذذون به ويكرهون من أخلاقنا، وما الذي ينبغي أن نعمل معهم فنستجلب به محبتهم؟ قالت: أول كل شيء أقول لَكُنَّ ينبغي أن لا يقع نظر الرجل على واحدة منكن إلا بنظافة، ولا يشم منكن إلا رائحة طيبة، ولا يقع له نظر إلا على زينة.

قلن: وما الذي يجب على الرجل أن يتقرب به إلى قلب المرأة؟ قالت: الملاعبة قبل الجماع، والرهز [الحركات المقترنة بالجماع] قبل الفراغ.

قلن لها: فما الذي يكون سبب محبتهما لبعضهما وإتفاقهما؟ قالت: الإنزالان في وقت واحد.

قلن: فما الذي يفسد مودتهما ومحبتهما؟ قالت: أن يكون غير ما ذكرت لكن. قلن: فأخبرينا عن الجماع وأنواعه واختلافه. قالت: سألتنني عن شيء لا أقدر أن أكتمه، ولا يحل لي أن أخفيه".[16]

ومضة: يعلو الحب؛ يسقط صوت النظام

"من الواجب ممارسة الضمّات حتى التي لم تذكر منها في الكاماسوترا خلال المتعة الجنسية، إذا كان ذلك سيؤدي بأية طريقة من الطرق إلى زيادة العاطفة أو الحب... عجلة الحب إذا تحركت لم يبق هنالك من مكان للنظام".[17]

---

[16] رجوع الشيخ، ص ص 259–260.

[17] الكاماسوترا، مالاينجا فاتسيايانا، ص 59.

البرق المُنذِر

الملاءة المفروشة على السرير اليوم مساء ملساء ناعمة كأنها تحاكي جسد حبيبته. يستلقي ببطنه على الفراش واضعا وجهه على المخدة بجانب اليد اليمنى للحبيبة النائمة بظهرها على الفراش. يمد يده اليمنى يتحسس جسدها. يُده تستكشف ملامح جسدها وتمر على عنقها ثم صدرها وبطنها وسُرتها، وها هي تدنو من جنة الفردوس.

الكلمات الرقيقة للحبيب تشعل فيها الشوق. حين تمس يده أعلى فرجها يقول: آه يا قلبي"! تقول له: "سلامة قلب حبيبي". يقول: "ثقلت مفاتنها علىّ". تتأوه الحبيبة من لمساته التي تشعل النار في الهشيم؛ بينما يرتاح وجهه على كفها اليمنى، ويبدأ في تقبيلها ولحسها بأناة؛ يشعر بأن النار تمتد في الخط الواصل بين فرجها وكفها عبْر جسده، فيستمر في مداعبة فرجها، في حين تحتدم حركة وجهه على كفها، فيستعر لسانه ويلحس الكف، ويلحس ويلحس، ويعضها باشتهاء مجنون، حتى تقول له: "ارحمني. حُطّه؛ الله يخليك!".

القُبلة المتكافئة

وهي إلى جانبه[18]، بادأته بلفتةٍ، وعين قطة تموء. **قالت: بوسة**. ينتفض الشوق بقلبه إزاء المبادأة بالاشتياق. **يميل والابتسامة بشفتيه، ويحتوي شفتيها بينهما**، فتنسحب برقة، **وتطالب في حسم: أريد الشفة على الشفة**. هكذا أحبها.

____

18 الخط المميّز السميك يوضح أساسيات الوضع، أما ما سواه فإنه اختياري بحسب الحال والمقام أيها العارف.

ها هي تبدأ وتختار. ما أجمل فردوس الجسد! تبتسم الأعين **وتنطبق الشفتان على الشفتين.**

ويغيب العقل والاختيار، ويندلع الشوق. تنسحب الشفاه في أناة ولا يتراجع الحنين. **يلتقط يدا بين يديه،**

ويرفعها إلى شفتيه شاكرا **مقبلا،** ثم يقلبها ليصبح بطن الكف جليّا بهيّا أمام العينين.

يقبل باطن الكف كأنما يسجد على أرض النعمة السابعة، **ولا يلبث اللسان أن ينال حظه من تقبيل**

بل لحس الكف التي بدأت ترق وتلين وتستسلم، والجسد كله وراءها يقول: لبيكِ أيتها الكف التي ذابت

فذوبتنا.

كأنما اللسان قد بلل كل باحات الجسد البهية المتأهبة للقاء. كأنما هو الباب السحري. ولكن لنغتنم

القبلة المتكافئة مرة أخرى. ولينفتح الجسدان على السعادة الغامرة.

انتفاضة العصفور

ما الذي يجعل الحبيبة تنتفض كعصفور بلله المطر، حينما **تمس أناملك بظرها**؟ لمسات رقيقة سريعة بأطراف الأصابع المبتلة (بالريق أو بما بدأ ينسرب في فرجها) تُطلق آهات المتعة.

استلقِ إلى يسارها وضع يدك اليسرى تحت عنقها، واخطف قبلا من شفتيها المفتوحتين قليلا تعلنان عن الرغبة والاستمتاع بلمساتك الساحرة. **اخطف قبلات من عنقها المشدود.** املأ عينيك من وجهها الذي خطفته لمساتك إلى عالم من النشوة التي لا تدري سوى غموضها. من وقت إلى آخر **دع إصبعك الوسطى تهبط إلى فتحة فرجها تقتبس بعض السائل بسرعة لتعود إلى البظر** تثير جنونه باللمسات السريعة التي تعرف طريقها إليه دون سواه من أجزاء الفرج. لا بأس إذا جلست بجانب حبيبتك **لتضع الإصبع الوسطى من اليد اليمنى في فتحة الفرج، وتداعب البظر بالإصبع الوسطى من اليد اليسرى.** سيُجن جنون حبيبتك، ولكن لا تأخذْك بها رأفة أو رحمة؛ فهذا أوان العذاب اللذيذ. يا لحسن حظها لو **اقترب فمك من البظر ونفثت بعض الهواء البارد!** ويا حبذا لو **خبطت أعلى الفرج قليلا بأطراف أصابعك!** تستطيع أن توالي بين النفخ والخبط من آن إلى آخر، من غير إسراف، والمهم في ذلك كله ألا تتوقف إصبعك الوسطى عن لمساتها السريعة الرقيقة الحنون. وهكذا يكون الجنون.

هلا غيرت الإناء

ماذا لو تخيل العاشق أن جسد حبيبته وعاء لا يملؤه بل يُسقى منه ويَطعم شيئا حقيقيا يَصْحَب الهناء الذي يُسقى إياه أو يُشرب كل آن؟ قد يحب أحد العاشقين أن **يملأ أحدهما فمه بقليل من الماء ثم يسقيه الآخر**، فيترشفه رشفة رشفة. إنها مرحلة رفيعة من العشق. **السُرَّة وعاء رائع** لمن شاء. قد تتجرأ الحبيبة **فتضع شيئا من الشراب في فرجها** بعد أن تشير على عاشقها. لقد رفعت الكأس وقربته من فرجها وسألته **إن كان يود أن يغير الإناء**، وتبتسم له في مكر محبب. ولأنه اعتاد أن يضع لسانه في هذا الوعاء الخاص، فلن يجد في ذلك العرض سوى باب آخر للمتعة والسعادة. يا لها من شقية! إنها **تأخذ من العنب الذي بجانبهما عنبة وتضعها في فمها وتقرب فمها ليأكلها** في تلذذ، **ثم تأخذ أخرى** وتضعها في فمها ثم تغير رأيها **فتضعها في الوعاء الحبيب (فرجها)**؛ في أعلاه تحديدا. اقترب أيها الرائع المروَّع واقطف الثمار، ولا تجعل لسانك يعود خالي الوفاض. اهتبل الفرصة **ومرّ من أعلى إلى أسفل بهذا اللسان المتوفز**، ولا تحرمنا من دعائك!

لهفة الأفواه

تتقدم الحبيبة إلى جسده هيّابة من عنفوانه، وتُهيب به أن يكون كذلك. ترتجف أوصالها من فكرة اللقاء ذاتها. يتوقع الحبيب منها أن تأتي لتقبله فإذا بها **وهو راقد على ظهره** وينظر إليها بعين كلها تحبب واشتهاء **تعرّج نحو قدمه لتقبل أصابع قدمه وتثني بالقدمين**، لكنها تحتال لتلقي بالجسد **متعاكسا فوق الجسد.**

هل هي رسالة من الفم العاشق إلى القدم الساعية نحو مدارج المحبة، أم هي رسالة من الفرج العاشق إلى الفم المتلهف؟ الوضع يفرض الآن على اللسان أن يتلقف المعنى فيبادر **إلى الفرج برفق فيلحس** ما شاء له أن يلحس، وها هو العاشق **يرفع الساقين تدريجيا ويميل بجذعه حتى يجلس** و"يتمكن" من الفرج. ساقا الحبيبة أصبحتا على كتفيه، وهي على السرير تستند على ذراعيها بالكاد،

كأنها معلقة في سماء العشق. لا عليها إذا ما استعانت –على اختراقات لسان العاشق جسدها– بتأوهات
تصل إلى مسامع العاشق من بعيد كأنها نداءات تلهب مشاعره لتقول له: نعم ولا، معا.

تقبيل الأعتاب

ينسرب إلى حضنها، وهي بين النائمة واليقظانة تلتحف بغلالة رقيقة ويُظِلُّها ما يشبه الماء. الضوء الخافت كأنه بعض جسدها. يتدثر معها بدثار واحد هو الغطاء والمساء. يمنحها عطره وأنفاسه لتنتبه رويدا رويدا. الجزء الأدنى من جسده عارٍ يعلن عن رغبته، ويخفي بعض المفاجآت السارة للحبيبة. **يمد يده الحنون إلى أرض العشب يتلمسها** برقة عاشق، **وشفاهه تقبل أجزاء الجسد** المباركة القريبة حتى يأتنس الجسد، **فيبلله بلسانه** وكل جسد الحبيبة أهل لكل حنان.

ماذا لو **نامت الآن على وجهها فقبل كل ظهرها** من الرأس حتى مفترق الأرداف، فيمرر يديه عليها كأنما يمنح الدفء لتلك الاستدارات الأثيرة، ثم **يرفع بهدوء ساقيها حول رقبته** ليدنو من رحيق فرجها، ويعطي أنفاسه الفرصة لتتدفق هادئة كالنسيم وإن كان لاهبا. **أما اللسان فيلمس ثم يلحس ثم يلحس، وها هما الساقان ترتفعان وهما حول الرقبة، حتى تصبح رأس الحبيبة مستندة على السرير، كأنها النخيل؛ والعاشق يحتضن بيديه الأرداف، وبلسانه الفرج.**

ماذا لو أمسك جسدها بيد وبالأخرى داعب الصدر المتدلي كجفنتي عنب تودان القطاف!! قد تود الحبيبة أن تداعبَ هلاله أو تمسكه بين نهديها. وإن مصَّت؛ فخير. وإن داعبته بلسانها؛ فخير. وإن تأوهت وأعلنت فرحتها التي لا تخطر على القلب؛ فخير. وإن جمعت كل هذه الحسنيات؛ فهي السعادة الكاملة.

إغواء الحلم والفرج المنعَّم

من أين أتاه اليقين أن فرجها اليوم سيكون ناعما كثمرة الخوخ الطازجة؟ أهو الحدس؟ أم الحلم؟

الحلم. **قال لها: بالأمس حلَمتُ بك.** قالت: خيرًا. احكِ لي. قال: بل أود أن أحتفظ بأسرار حلمى. ولما

ألحت عليه بعض الإلحاح، قال لها: رأيت أني أدخل بيتا مليئا بالغرف المغلقة سوى الأخيرة وأني

توجهت إليها وأنا أشعر بأنك قد سبق أن أوحيت لي بكل ذلك واتفقت عليه معي. دخلت الغرفة فوجدتك

تلتحفين الغطاء ورأسك ظاهر، وقد منحت الباب ظهرك. دلفت تحت الغطاء كما سبق أن اتفقتِ معي

وإذا بجسدك عارٍ يعروه الدف اللذيذ. فاحتضنتك فتأوهت فالتفتِ إلى ومنحتني قبلة لا يزال طعمها في

شفتي. كنت أعلم بكل شيء سيحدث سوى عرى جسدك. فوجئتُ باللذة الطازجة.

ابتسمت وراحت فيما بشبه الغيبوبة. قال لها: يبدو أنها كانت ليلة بلا نوم.. كانت أحلاما وحسب.

ابتسمت وقالت: خيرا.

قال لها: رأيتك في حلمٍ للحظة تنامين نصف نومة على سرير متكئة على وسادة، ترتدين ثوبا أبيض

شفافا، لكن جسدكِ غير بادٍ، وكأنه روح جمال غامر.

قالت: وأنا رأيتك في الحلم، وكنتُ نائمة على جنبى الأيسر، عارية وأنت بجانبى تُقبل رقبتى ثم

تتنزل رويدا رويدا تقبل صدرى ثم سُرتى ثم تتنزل إلى الموضع الذي تعشقه وتبدأ في تقبيله، لكنك سامحك

الله في تلك اللحظة ناديتنى فأيقظتنى من الحلم وكنت أود أن أكمله إلى منتهاه.

قال لها: ما لا يكتمل في الحلم يكتمل في الواقع. وابتسم عاشقا ومغويا. وقال لها: تودين الرقص؟

فسألت عن الموسيقى. قال: أي موسيقى ستخجل أمام إيقاع موسيقى جسدك. **دنت منه وتلامست الأيدي**

وتمايل الجسدان في رقصة لا يعرف إيقاعها سوى من يدخل إلى أعماق الحبيبين. **حكت صدرها بصدره**

ومالت عليه بشفتيها. شفته السفلى صارت ملكها وليس له عليها من سيطرة. ما بالها تُشغف بتلك الشفة؟ أفيها سر لا يعلمه؟

خلع عنها بلوزتها بهدوء وطلب منها أن تخلع مشد صدرها بنفسها فانكمشت قليلا بكتفيها ليسقط مشد الصدر حولها، فينهل **من الصدر والحلمتين** ما يشاء. فتح المشد من الخلف وتركه يسقط على الأرض لينعم بالنهدين، ويأخذ الحبيبة إلى الفراش. على حافته مال بجسده إليها يمرر يديه على ما تصلان إليه برقة كأنما يداعب وردا في بستان. **اعتلت الفراش فدنا منها وبدأ يقبل جسدها جزءا جزءا من أعلى إلى أسفل، ومع كل قبلة يردد: أحبك**. أعشق تفاصيل جسدك.

نزل بيسر من الشعر إلى الجبهة والخدين والأنف والحَسَنة التي بوجهها إلى أن نزل إلى الشفتين فتمهل هَونا، ثم نزل إلى رقبتها الفارعة، ثم صدرها، وقبل أجزاءه يمينا ويسارا ولم يبخل على نفسه بمتعة رشف الحلمتين المشدودتين. **والجسد** الطرى **مستسلم تحت قبلات الحبيب** التي لا تتوقف وإن تلبثت أحيانا إن تأوهت الحبيبة. **نزل حتى السرة** فتلبث قليلا **ثم نزل إلى ما حول الفرج،** هنا كان "رداؤها التحتي" حائلا بين الشفتين والفرج فلم يُزِله من موضعه، بل دنا بشفتيه هبوطا إلى الفرج حتى لامس منزله العلوي، فاكتشف أن الفرج قد استعد له استعدادا خاصا. لم يكن ثمة شعرة واحدة. كان الفرج منتوفا كجسدِ وليد. كأنه فرج خلق للتو لأجل جسده المحظوظ.

بدأ لسانه يلحس من أعلى حتى أصبح "رداؤها التحتي" واجب الحذف؛ فاعتدل بجسده ليواجهها، وسحبه بلا تردد وإن بدا هادئا لا يعروه التوتر. والابتسامة المُحِبّة من قبلُ ومن بعد تعلو وجه الحبيب.

الآن يكتشف أن في الدنيا مذاقا اسمه شهد الحبيب. **يلحس الفرْج في أناة،** ويتلذذ بتذوق كل تفصيلة من ذلك الكائن الرائع المسمى فرج العاشق. ويسميه "الوادى" الذي يترقب المطر، ويسميه "الشاطيء" الذي يترقب مد البحر، ويسميه اللذة الكاملة، وأخيرا يعرف طعم الحليب.

يمد يده أحيانا إلى نهدها الأيسر يعتصره وهو يقبل أرض الوادى. ياله من وادٍ رطيب غير ذي زرع، وإن بدا حافلا بالعطور.

لا تنس أيها العاشق أن تلحس كل تفصيلة في تأنٍ رقيق. فكل جزء يعني الكثير. تعامل مع كل تفصيلة كأنها عالم بذاته، وهذا حق وصدق. أَحِبَّ في أناة وتمهل؛ ففي التمهل عند اللحس خير لا يستهان به. ها أنت أيها الحبيب تنتشي بآهات الحبيبة، وتظن أنك قد وصلت إلى سدرة المنتهى.

لستَ سوى عابر إلى عتبات السعادة، فارتقب أن تأذن لك بدخول القصر المسحور؛ إن بالتلميح وإن بالتصريح. الخيارات بدءا من الآن مفتوحة، وكأنك في بدء جديد؛ ها أنت تستطيع أن تأتيها من حيث شئت أو من حيث شاءت. فما أجمل البدايات التي لا تنتهى والنهايات التي تحور إلى بدايات واعدة.

ومضة: الحرية

الحرية الكاملة سر سعادة الجسدين. ولكن على كل عاشق أن يستأذن بالإشارة وبإظهار التأهب، خصوصا حين يكون الفعل جديدا على العاشقين، وحين يجد أحدهما من الآخر تهيبا فليشجعه، وإذا وجده غير مقبل على الأمر فلا بأس بالتراجع المصحوب بابتسامة ونظرة متفهمة.

الأصابع الساحرة

بِمَ تشعر أيها العاشق حين تمس يداك يدي حبيبتك، أو تحتضن وجهها، أو تمر هادئةً على شعرها؟ هل تمر ابتسامة عاشقة على وجهك؟ هل يخفق قلبك حين تمر يداك بحنان على ظهرها وبطنها؟ وماذا يحدث لك حين تمس يداك نهديها وحلمتيها وسرتها، وتهبط إلى حيث سدرة المنتهى؟ ألا تشعر أصابعك برغبة خفيفة في أن تدخل إلى كهوف أسرارها؟ ها أنت أيها العاشق تمس فرجها بحنان، وإذا بشفتيك تشتاقان إلى لقاء فرجها، فتجلس بين ساقيها لتملأ عينيك من جمال ملامحها، ثم تبدأ في تقبيل فرجها ولحسه بلسانك، ببطء حينا وبسرعة حينا، برقة حينا وبقوة حينا. يبدو أن الهلال (قضيبك) قد استجاب وطمع في لقاء شفتيها ولسانها.

العاشق ينام على ظهره ويستأذن حبيبته في أن تعتليه مخالفة لاتجاه جسده بحيث يكون وجهه مقابلا لفرجها، وقضيبه مواجها لفم حبيبته. يستكمل العاشق ما بدأه من لحس فرجها، وها هي العاشقة ترى نفسها في مواجهة معشوقها الصغير (أير العاشق)، فتمصه بلا تردد وتقبله وتداعبه وتستمتع بالقرب. أما هو فإنه هناك. وآهٍ من هناك.

العاشق يلحس بلسانه ويده تداعب عجيزتها، وإذا بإصبعه يمس فتحة العجيزة فيعجبه مداعبتها. الإصبع الوسطى تجرؤ شيئا فشيئا حين ترى من الحبيبة قبولا، فتدخل تدريجيا فيها، وتستكشف معالم ذلك الداخل الغامض، لكن اللسان لا يسكن ولا يسكت عن لحس فرجها.

وحين تصبح الإصبع الوسطى مالكةً زمام أمر عجيزتها، ويكون الفرج قد أصيب بجنون الشوق إلى المزيد، يطلب العاشق من الحبيبة أن تنام على ظهرها ليستمر في مداعبة المنطقة السفلى في الجسم

(العليا في القلب)، وها هي الإصبع الوسطى تواصل مسيرة مداعبتها وغزوها، وها هي الإبهام تدخل تدريجيا إلى الفرج كأنها القضيب، فتتحرك مثله جيئة وذهوبا. أما البظر فنصيبه مداعبة اللسان أو اليد اليسرى.

الأصابع تعزف معزوفتها الرائعة، والحبيبة ترتعش مستأنسة بظل صخب الموسيقى المدهشة. ولا صوت يعلو على صوت الموسيقى.

العض والضرب والحك بالأظافر

يأنس الجسد إلى الجسد، فيتحول إلى ندى يتساقط رويدا رويدا على جسد الآخر. لكن الحضن الهادئ يتحول إلى حضن هادر. الجسد يصبح بحرا؛ يهدأ حينا ويثور حينا، فتمتد يد الحبيب هادئة إلى جسد الحبيبة، تتلمس كل مواطن الإحساس والجمال فيها.

وحين يعلو صوت الرغبة؛ يدخل الجسد إلى حالة البرزخ بين الرقة والشدة، بين الحنان والقسوة؛ إنها حالة الشوق الهادر إلى الالتحام بالجسد الآخر. **تتحرك الأظافر** التي غابت عن الفعل كثيرا، **فتمر محاذرة على جسد الحبيبة،** وتترك آثارا مؤقتة ستزول بعد قليل، ولكن الحذر لا يمنع القدر. قد تبقى آثارها بعض الوقت تسعد الحبيبة حين تراها فيما بعد فتقول: "إنه شوق الحبيب".

أظافر الحبيب تخمش نهديها وفخذيها وظهرها وكتفيها، في حين يدعوه الإيقاع إلى أكثر من هذا؛ إلى الدخول عميقا إلى خلايا الجسد. تبادله الحبيبة شوقا بشوق، فتخمش جسده المعشوق.

يحتوي نهديها بين يديه، ويلحس أرجاءه، **ويمص الحلمتين** بسعادة غامرة، ثم لا يلبث أن يبقيهما بين أسنانه، فلا تدري الحبيبة ماذا سيحدث بعد؟

الحلمة الرقيقة لا تفلت من الأسنان الصلبة قاسية المظهر رقيقة الباطن. الأسنان توحي للحلمة: "إننا في اللحظة الفاصلة ما بين الرقة والقسوة، بين الوجود واللاوجود، إنها لحظة تشبه الخلود. لحظة خارج الزمن".

الحلمة تفلت من بين الأسنان بعد أن تقتنص لمسة حانية من لسان الحبيب وشفتيه. يريد الحبيب أن يترك علامة في جسد حبيبته، وهي كذلك. هل يريد أن تبقى ذكرى إلى المرة القادمة؟ أم يريد أن يقيم أمام عينيه علامة على الحب المتبادل تقول: "جسد حبيبي مر من هنا؟"

يمسك الحبيب بقلم ويكتب على صدرها اسمه، وتحت سرتها يكتب كلمات تفتح أبواب التشهي، وتدعو إلى الدخول إلى فرجها بغير إبطاء.

تنطلق موسيقى الرغبة فيدنو الفم **من الكتفين وتضغط الأسنان** بقوة عليهما، وتترك عليهما بعض آثار العشق. قبلة لاهبة على عنق الحبيبة إلى الإعلان عن مزيد من الشوق والاشتهاء.

إن **ضربات خفيفة من يد الحبيب على جانبي الفرج وأعلاه، وعلى العجيزة وعلى الصدر** تثير جنون الحبيبة، فترد بضغطات قوية من يديها على فخذيه وكتفيه وذراعيه؛ كأنها تقول: "إن بي من الشوق والرغبة ما لا يقل عما بك أيها العاشق المتولّه". وتصرح قائلة: "اضرب صدري ولكن حذار من ضرب الحلمة؛ وإلا أصبح العنب عصيرا".

قبلات ولمسات ولحس ومص وضمّات تتوالى ويتنوع إيقاعها، فيستسلم الجسد كأنه مركب تتقاذفه الأمواج إلى أن يستقر بسلام على شاطئ المحبة.

ومضة: حين ينطلق الحصان

"لا يمكن تعريف أعمال عاطفية وإشارات أو حركات كهذه تنشأ فجأة من وحي الموقف وأثناء عملية الجماع. وهي أمور كالأحلام لا تخضع لقاعدة. فالحصان متى بلغ الدرجة الخامسة من الحركة؛ يستمر مندفعًا اندفاعًا أعمى غير مكترث بالحُفر والخنادق والحواجز التي تعترض طريقه. وبالطريقة نفسها فإن العاطفة تُعمي العاشقين تحت تأثير حرارة الجماع، فيستمران بإلحاح عظيم دون أي اكتراث بالإسراف. ولهذا السبب فإن على العاشق -المطلع اطلاعًا حسنًا على علم الحب، والذي يعرف مقدار قوته هو

ومقدار رقة وإلحاح وقوة عشيقته الشابة –أن يتصرف وفقًا لذلك. وطرق المتعة المختلفة ليست لكل زمان أو لكل الأشخاص، وإنما يجب اللجوء إليها في الأوقات والمناطق والأماكن المناسبة."[19]

ومضة: تجديد المودة

ينتعش الحب ويتجدد

في قلب المرأة

حين ترى حَكًّا بالظّفر

من فوق الفرجْ

حتى لو كان علامات

قد كادت تُمحى بَعد البُعدْ،"

(من الشعر الهندي القديم)

ومضة: الأيام الثلاثة الأولى

"يجب على الفتاة وزوجها أن يناما خلال الأيام الثلاثة الأولى [على] أن يمتنعا عن المتع الجنسية... إن على الرجل أن يحاول اجتذابها، وخلق الثقة في نفسها، ولكنه يجب أن يمتنع في بداية الأمر عن المتع الجنسية؛ ذلك أن النساء لما كن رقيقات بطبيعتهن فإنهن يحتجن إلى بداية رقيقة، وإذا

---

19 الكاماسوترا، ص 79.

ما حاولهن الرجال بإكراه -وهن مازالت معرفتهن بهم ضئيلة- فإنهن، في بعض الأحيان، يتحولن فجأة إلى كره الاتصال الجنسي، وفي بعض الأحيان يكرهن حتى الجنس المذكر."[20]

"يجب أن يضمها بالقسم العلوي من جسمه؛ لأنه أسهل وأبسط، أما إذا كانت الفتاة كبيرة، وإذا كان الرجل يعرفها منذ حين؛ فإنه يصح أن يضمها على نور مصباح. أما إذا كانت معرفته بها ضئيلة، أو إذا كانت هي صغيرة؛ فعليه حينذاك أن يضمها في الظلام."[21]

"وفي الليلتين الثانية والثالثة، بعد أن تكون ثقتها به قد ازدادت أكثر فأكثر، يجب عليه أن يتحسس جميع جسمها بيديه، وأن يقبلها من شعرها إلى القدم، وأن يضع يديه أيضًا على فخذيها، ويفركهما، فإذا نجح في ذلك؛ فإن عليه أن يفرك مفاصل الفخذين، فإذا حاولت منعه؛ وجب عليه أن يقول لها: "ما الضرر في القيام بذلك العمل؟" وأن يقنعها بالقيام به. وبعد الفوز بهذه النقطة يجب عليه أن يلمس هناها [فرْجها] وأن يحل عقدة لباسها، وأن يرفع ملابسها الداخلية إلى أعلى، ويدلك مفاصل فخذيها العاريين. ويجب أن يقوم بكل هذه الأشياء تحت ستار حجج مختلفة."[22]

---

20 الكاماسوترا، ص 99.

21 الكاماسوترا، ص 100.

22 الكاماسوترا، ص 101.

الرَّهز

"الرهز والارتهاز كناية عن حركات وأصوات وألفاظ تصدر عن المتناكِحَين في أثناء فعلهما؛ مما تعظم به لذتهما وتتقوى شهوتهما."[23]

ويقول النابغة:

ويُعجبني منكِ عند الجِماع   حياة الكلام وموت النَّظرْ

ومضة: صهيل الخيل

لما زُفَّت عائشة بنت طلحة إلى زوجها مصعب بن الزبير؛ سمعت امرأةٌ ما بينهما —وهو يجامعها— من شخير عالٍ في الجماع لم تسمع مثله. فقالت لها في ذلك عائشة: "إن الخيل لا تشرب إلا بالصهيل".

حكاية: متى تعود الإبل؟

---

23 تُحفة العروس، ص 375.

"قيل لعائشة المغنية: ما الذي يستحب من المرأة عند الخلوة؟ قالت: أن تسمع لفرجها صريرًا، ولِجماعها غطيطًا ونخيرًا. والله لقد نخرتُ تحت بعلي نخرة نَفَرَ منها ألف بعير من إبل الصَّدَقة؛ فرَّت على وجهها، فما تلاقت إلى الآن."[24]

حكاية: عند الصباح يَحمَد القومُ السُّرَى [25]

ذُكر في الأغاني لأبي الفرج الأصفهاني أن امرأة قالت: "كنت عند عائشة بنت طلحة، فقيل قد جاء عمر بن عبيد الله (يعني زوجها). قالت: فتنحيت، ودخل، فكنت أسمع كلامهما. فلاعبها مرة، ثم وقع عليها، فشخرت، ونخرت، وأتت بالعجائب من الرهز، وأنا أسمع.

فلما خرج؛ قلت لها: أنت في نفسك وشرفك ومروءتك وموضعك تفعلين هذا؟ قالت: إنا نسْتَهِبُّ [نثير ونهِيّج] هذه الفحول بكل ما نقدر عليه وبكل ما يحركها، فما الذي أنكرتِه من ذلك؟ قلت: أحب أن يكون ذلك ليلًا، قالت: إنه يكون ليلًا؛ هذا وأعظم منه، ولكنه حين يراني تتحرك شهوته ويهيج، فيمد يده إليَّ فأطاوعه، فيكون ما ترين. فقلت: يا عائشة؛ لقد أوتيَ عمرُ منك ما لم يؤتَه أحدٌ من أزواجك."[26]

ومضة: ما هذا بعاشق

---

24 رجوع الشيخ، ص 317.

25 السُّرَى: أي: السير ليلا.

26 تُحفة العروس، ص 375– 376.

"سأل الأصمعي امرأة من بني عُذرة؛ فقال لها: أنتم أهل العشق؛ فما العشق عندكم؟ فقالت: الغمزة والقبلة والضمة، فما هو عندكم يا حَضَريّ؟ قال: فقلت أن يرفع رجليها، ويدفع بجهده بين شفريها. قالت: يا ابن أخي ما هذا بعاشق، إنما هو طالب وَلَد."[27]

[27] تحفة العروس، ص 379.

الباب الثالث: الأوضاع

أولا– الأوضاع المتكافئة

ثانيا– الانتقال من وضع إلى آخر

ثالثا– أنّى شئتم

أولا- الأوضاع المتكافئة

وضـع: السعادة وقوفا

أحبا أن ينالا السعادة واقفين عاريين. أجمل بداية لمن يعشقان الرقص. من منهما سيبدأ بتقبيل كل أجزاء جسد الآخر؟

الرقصة قد تختار والموسيقى. تنبعث موسيقى زوربا لـ"تيودوراكس"؛ فتحن الأرواح للانعتاق أو التلاق. تلتقى الأيدى وتتلامس الأقدام. تقترب الشفاه وتتباعد. يدور الجسد كالدرويش. والموسيقى تتقدم رويدا رويدا صوب نقطة الأبد.

عندما تنسحب الموسيقى، وإذ **يلتف جسد العاشقة ليتوقف والظهر مواجه للعاشق؛ يبدأ العاشق في تقبيل جسد الحبيبة** من رأسها حتى أخمص قدميها، من الخلف ثم الأمام، ولا بأس إن تريث حيث الكلأ (عشب فرجها الكريم). القبلة قد تحتاج إلى أن تساندها اللمسة واللحسة والضغطات الهادئة، بل العض الخفيف الحنون أحيانا، لعل ابتسامة تُختطف من الحبيبة أو آهة أو نداء.

سيهوي العاشق إلى الأرض مقبلا أطراف قدميها ويستمر وهو على الأرض في تقبيل سائر الساق من الداخل حتى يتمكن من رفعها حتى وسطه، وليمكِّن لنفسه أن يدخل إلى جسد الحبيبة. ساقها

اليسرى إذن مرفوعة بيده اليمنى، بينما يده اليسرى تمسك بخصرها. وها هى تدفع جسدها رويدا إلى جسده. وها هما يُقْبلان ويدبران. وتصدح موسيقى الجسد فتغطى على كل موسيقى.

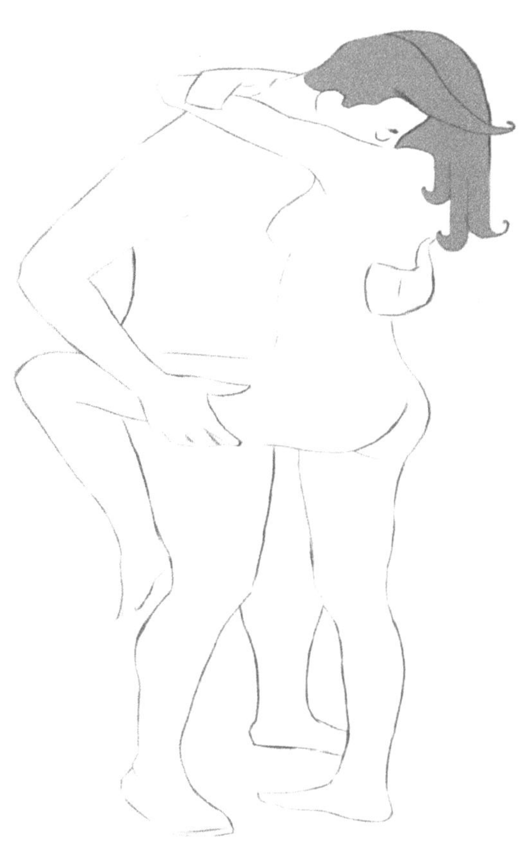

وضع: السيف المغمود (أو العروة المقفلة)

قد يأخذنا الشعر بعيدًا بخيالاته، فنجد أنفسنا وقد أصبحنا بعضا من صوره، ولا نلبث أن نندمج في عالمه، ونود لو أننا لا نقرأ الشعر وحسب، بل نحيا به وفيه. الحبيب يتلو على مسامع حبيبته:

لو مر سيف بيننا لم أدر هل أجرى دمي أم دمك

يستحضر صورة الحبيبة ويتساءل: في أى وضع يمكن أن نصبح كلا متماسكا لا يفرق عناصره شيء حتى لو كان سيفا، إلا إذا فرق عالمهما إلى عالمين وكونهما إلى كونين؟

يتقارب الحبيبان ويتبادلان أنخاب الحب وقبلات السعادة وأحضان الهناء، وتنال المداعبات منهما أعظم منال، حتى يسيل بين الوديان ماء قليل يروي بعض الغليل، فيصحو النائم وتتفتح الورود الغافية ويصبح كل دخول إلى عالم السعادة سهلا ميسرا.

تستلقي الحبيبة على سريرها في هناءة وقد ارتخت عضلاتها واستسلمت لمداعبات الحبيب، فيقبل كل أجزاء جسدها ويتمنى لو أن كل جزء مما قبّل أصبح متطابقا مع أجزاء جسده، وبعد أن ينتهي من تقبيل جسدها بدءا من قدميها حتى جبينها وشعر رأسها، **يجد نفسه تلقائيا قد استلقى بجسده كله على جسدها كله،** فتطابقت شفاهها وشفاهه، ساقاها وساقاه، ركبتاها وركبتاه، فخذاها وفخذاه، صدرها وصدره، أنفاسها وأنفاسه، دمها ودمه.

وها هو الفارس الجسور (أيره) **يدخل إلى بستان الورد (فرجها) فيستقر هناك** قليلا مستمتعا بحالة السكينة والطمأنينة، وهكذا يصبح الجسدان جسدا واحدا.

لكن الفارس الجسور لا يقر له قرار، فـيتحرك داخلا خارجا، أما الجسدان فيظل كل عضوين منهما على تطابقهما: الشفاه تلتقي والسيقان والصدور والأنفاس؛ فلا شيء يفرق بينهما. ولو مر سيف بينهما لم ندر أى دم أى دم أجرى؛ دم الحبيبة أم دم الحبيب؟ لو مر سيف بينهما لامتلأ السيف بالحنان ولصار طائرا يحلق حولهما مستمتعًا برؤية الحبيبين بعد أن صارا جسدا واحدا وروحًا واحدة لا تنقسم.

وضع: النَّسر الجسور

هل ألهمك جسد الحبيبة كل هذا أيها النسر الجسور؟ **الحبيبة استلقت على ظهرها وباعدت بين فخذيها رافعة ساقيها**، لتتلقى أجمل هداياك (أيرك) في فرجها المفتوح. **تدنو منها على ركبتيك، وترفع إليتها قليلا بيديك** لتتمّكن نفسك من الدخول إلى جسدها، **وتهبط من أعلى إلى أسفل مندفعا بأيرك إلى فرجها** في قوة هادئة، لا تلبث أن تصبح قوة هادرة ذات إيقاع سريع. حذار من القذف السريع. تشاغل بذهنك قدر استطاعتك، فأنت الآن تخلق لحبيبتك حالة من المتعة الهائلة لن تنساها لك.

استند بيديك مفتوحتين بجانب وسطها، وعندما ينتظم إيقاع دخولك وقوته، حاول أن تتخيل نفسك نسرًا ينقض من ذروة عالية إلى الوادي، وتخيل أن فخذيك جناحان يحتضنان الحبيبة بقوة في لحظة الهبوط والدخول معا. اِنقضَّ من أعلى إلى أسفل مرفرفا بفخذيك حول إليتها.

إنه حضن النسر الجسور، يهبط داخلا إلى الفرج محتضنا إليتها بجناحيه (فخذيه)، ثم يصعد قليلا مباعدا جناحيه ليعاود الانقضاض الممتع المذهل. هذه الانتفاضة -من وقت إلى آخر- ستضاعف المتعة، وتجعل الحبيبة تفتح عينيها -من آن إلى آخر- تطلب المزيد، وتشكرك أيها الحبيب على كرم جسدك وعطائه الذي لا ينفد.

وضع: الوردة المتفتحة

كان يُعد نفسه للحظة سعادة قادمة. استحم وتعطر وتهيأ، وكانت حبيبته قد سبقته منذ وقت ليس بالبعيد، لكنها دخلت إلى السرير تنتظر. أخذتها غفوة وهي **نائمة في وضع أفقي (بعرض السرير)** كما اعتادت أن تفعل أحيانا. يدخل الحبيب إليها فيسري خياله إلى عالم الماء. كأن فرْج حبيبته وردة تتفتح أو بئر تتطلع إلى السماء لتبهج عيني الناظر إليها.

يقترب من جسدها في هدوء. يمس فخذيها بكفيه. يقبلهما فتفتح عينيها مبتسمة. تصعد شفتاه إلى فرجها. يقبل الأرض المباركة، ويلحس بلسانه ما شاء له أن يلحس.

قدما الحبيبة تكادان تمسان الأرض وهي نائمة. ترفع قدميها إلى أعلى مُباعِدةً بين فخذيها. يُسند **فخذيها بيديه،** ثم يقترب بأيره يلاعب فرجها، فينتعش جسدها كأنه ألقى بنفسه للتو في مسبح ماء.

يُدخل الحبيب أيره في هدوء مرات ومرات، حتى يلين فرجها ويشتاق إلى أن يعلو الإيقاع. **تمسك كل كف من كفيه بإحدى فخذيها، ويُدخل أيره بقوة صاعدا هابطا،** حتى ينسجم إيقاع الجسدين.

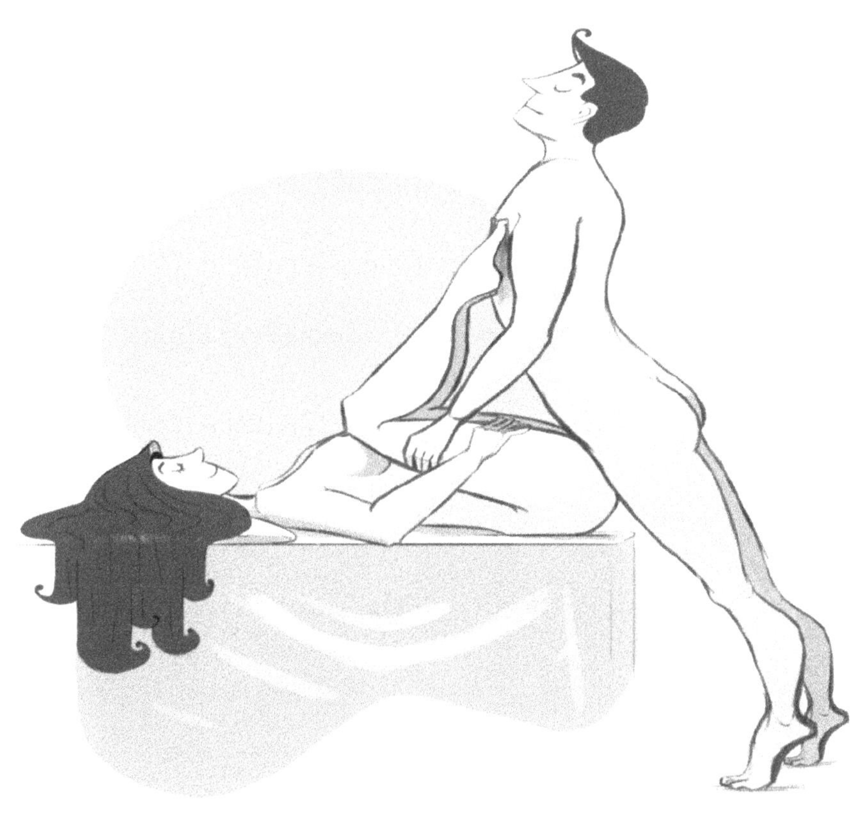

يتوقف أحيانا عن الضغط القوي، **ويستبدل بذلك إمساك الفخذين بقوة ودفعهما إلى أسفل؛ فيرتد الجسد إليه بقوة "مَرتبة" السرير ومرونتها.** ما أجمل الصوت والصدى!

الجسدان يدخلان إلى حالة تناغم كاملة. يُغمض الحبيبان أعينهما، ويغيبان في عالم السعادة. تتدفق البئر، ويفيض الحليب، وتأتي أجمل اللحظات: الورد يتفتح.

وضع: سفينة نوح

هل أتى الطوفان فقررتَ أن تنجو سعيا إلى النعيم؟ **الحبيبة مستلقية على ظهرها**، وجسدك مستوٍ فوقها، **وأيرك داخل في فرجها وخارج بإيقاع منتظم**، قد يجعلها في لحظة تقرر أن تأخذ المبادرة وأن تكون سفينة تحملك إلى السعادة. **إنها تلف ساقها اليسرى على ساقك اليمنى، رافعة ساقها اليمنى على كتفك**.

ثم إنها لا تلبث أن تلف ساقها اليمنى على يسراك، وتُحكم ساقها اليسرى على يمناك.

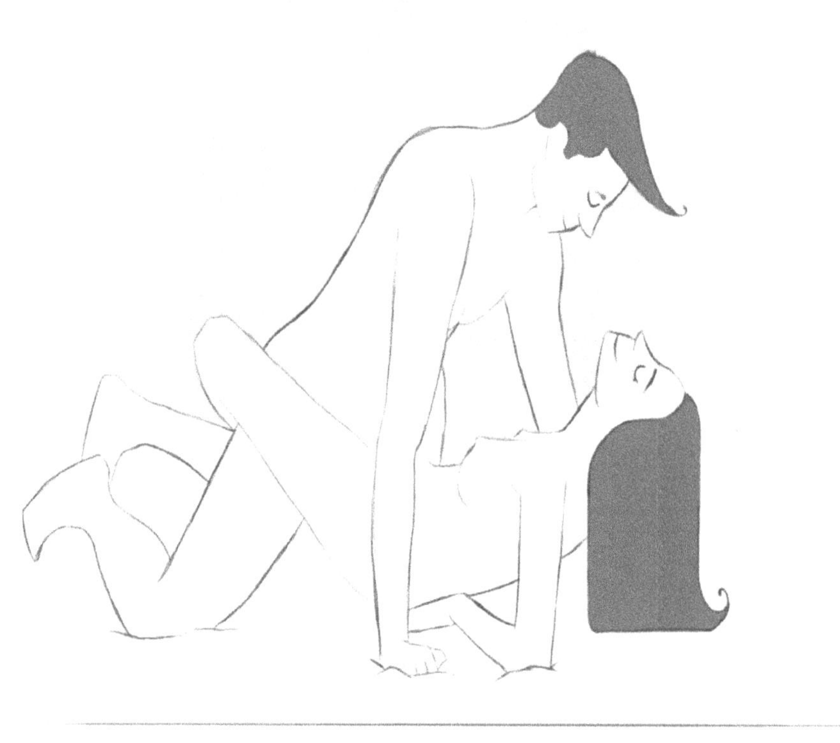

تمسك جسدك بساقيها لتتمكن منك فلا تفلت أيها البحر المتماوج فوق جسدها المكين. السفينة الآن تستعد للإقلاع لكنها **تتحرك إلى الأمام وإلى الخلف في سرعة وقوة**، أما أنت فتترك نفسك للسفينة والريح، محاذرًا وحسب من أن يفلت أيرك من فرجها. **وحين تتوقف السفينة للحظات بادر أنت بالدخول**

والخروج ثم عُد إلى الاستقرار في السفينة **لتتحرك جيئة وذهوبا**. إن استمرار السفينة في الحركة لدقيقة واحدة كفيل بأن ينقلك إلى متعة لن يتصورها خيالك، حتى تستوي السفينة على جبل الجوديّ، ويهدأ الطوفان، ويعم السلام جسدك وجسد حبيبتك. قبّلها كثيرا واشكرها على نعمة السلامة.

وضع: الأريكة

كل شيء كان يملأ روحه بإحساس واحد: حبيبته طائر يرفرف بجناحيه من حوله. كل شييء يضاعف من ذلك الشعور البهيج: غناؤها بصوت ملائكي إحدى أغنيات العشق الرقيقة ... قميصها بملمسه الحريري وألوانه الربيعية ... نهداها إذ يتقافزان وهي تتحرك حول الحبيب في إغواء يعشقه ... شعرها المنساب في أناقة مُغوية ... نظراتها إلى بعيد كأنها تبحث عن طائر طال غيابه ... ابتسامتها المصحوبة بلفتات كلها غنج ودلال. يشعر برغبة طاغية في أن يغمرها بجناحيه، وأن يظل يقبل أنحاء جسدها بلا انقطاع، وأن يحتضنها إلى الأبد.

جلست إلى جواره؛ فغمره عطرها الذي يعشقه. قبّل جبينها ورقبتها ونهديها؛ فتأوهت. قام وجلس على الأرض يتلمس شيئا من بهاء الساقين وما بينهما.

نظرت إليه بمكر طال انتظاره، وقالت: احملني بين ذراعيك. **وضع قَدَمًا على الأريكة الخشبية الواطئة، وأجلس الحبيبة على ركبته، وقدما على الأرض، ثم أدخل أيره، فهالها أمره.**

ضمها بقوة إليها، فارتفعت بجذعها، وساقاها أحاطت بجذعه، كأنها تود أن تتسلق جسده إلى قمة اللذة. نظر إلى عينيها عاشقا وقال: هل قطفت كل الثمار؟ ردت بابتسامتها المتكسرة: ثمار حبيبي لا تنتهي، وحبيبتك لن تشبع أبدا.

حكاية على لسان ابنة فرّان

قالت "كان أبي رجلا فرائًا، وكان في الفرن عجّان مثل الفيل، عظيم الخلقة جميل الشكل، وكنت أنا يومئذ بنتًا … لا أدري النيك ما هو، ولا أعرف لذة الجماع. فكنت أدخل إليهم في الفرن وأخرج مع العجان، حيث أستظرفه لحلاوة منظره، وأراه كلما دخلت إليه يتبعني بنظره ويتأوه بحرقة، فكان ذلك يزيده حبًا في قلبي، ولكني لا أعلم مراده؛ لأني في ذلك الوقت كنت دون الإدراك ولا علم لي بلذة النكاح.

وكان في غالب الأيام يعمل لي فطيرة بسمن، ويخبزها ويعطيني إياها، وأنا في كل يوم تزداد محبته عندي؛ لما أراه من زيادة الميل إلي والمؤانسة والاسترحاب بي في وقت حضوري إلى الفرن دون عامة أهل الفرن. فكنت أتبعه في الفرن أينما سار …

فدخل يومًا إلى مخزن الفرن، وكان يوضع فيه الوقيد، ورآني معه وليس موجودا معنا أحد من فَعَلة [عمال] الفرن، فتقدم إليَّ بإشفاق، ومسكني بكلتا يديه، وضمني إلى صدره، وجعل يبوسني في عارضيَّ [جانبي وجهي] ونحري، وكنت أنا أيضًا أفعل معه كذلك؛ لمحبتي فيه وقربه من قلبي، فظننت أن ذلك كان منه مجرد محبة فيَّ، ثم خرجنا من المخزن، ومضيت أنا إلى دارنا وبقي هو في الفرن على عادته، وصار فيما بعد ذلك كلما ظفر بي في الفرن في موضع خالٍ؛ يفعل فيَّ كفعله الأول من الضم والعناق والبوس والترشف، حتى يكاد أن يقطع خدودي وشفايفي، وأنا لا أظن ذلك منه إلا مجرد محبة فيَّ، فأفرح بذلك وأقصد انفرادي معه لما أجد من حبه لذلك.

فظفر بي يومًا بموضع خالٍ داخل الفرن كان أبي جعله لنفسه يُقبل فيه للراحة، وفَعَلة الفرن منهمكون في أشغالهم، فضمني إلى صدره بشهوة وشغف، وقبَّل خدودي ونحري بزيادة عن عادته، ثم أخذ لساني في فمه وصار يمصه، وما كنت أعرف ذلك منه من قبل، واستنكرتُ وأردتُ خلاص لساني

فلم يمكنّي لشدة تمسكه به، ثم مد يده إلى أوراكي، وصار يجس بطني وخواصري، وأنا أعجب من فعله في نفسي، وأقول ما مراده بذلك؟ ثم نزل بيديه إلى سطح حِرّي [فَرْجي]، وصار يفركه ويجسه بحرقة أجد لها ألمًا في جسدي، فقلت: أخبرني ما مرادك، فإني أراك تفعل شيئًا ما فعلته قبل هذا اليوم، وقد آلمتني عضًا وقرصًا؛ فقال: مرادي أن تنزعي سراويلك. قلت: وما تريد بذلك وأيش الفائدة في هذه؟ فقال: سوف تنتظرين.

ثم حل سراويلي، وأنا لا أعارضه. وحل هو سراويله قليلًا، وضمني إليه كالأول، وألصق بطنه على بطني، فوافق أن أصاب ذَكَرُه باب رحمي، فوجد لذلك في نفسه لذة عظيمة ظهر أثرها على وجهه. ثم أخذ ذكره بيديه، وصار يُرِيِّقه [يبلله بلعابه]، ويدلك بين أشفاري، وأنا باهتة فيه وفي عمله، متعجبة من فعله. غير أني لما وجدته ملتذًا بذلك؛ تركته، وبقيت منتظرة آخر عمله، فوجدته بعد حصة قد نزل ماء حار على رحمي وأفخاذي، فظننته يبول؛ فنفرت من ذلك وتباعدت عنه، ولُمتُه على فعله، وقلت: هكذا تفعل بي وتبول عليَّ وعلى حوائجي؟ فما جوابي إذا نظرَتْها أمي وأهلي؟ فلما رأى مني ذلك قال: يا حبيبتي! هذا لا يضر. وأخرج محرمة كانت معه ومسح بها حوائجي، وأفخاذي وتلطف معي في المقال، فرضيت عنه نظرًا لحبي وميلي له. وقال: أنا جُلُّ بغيتي منك هذا، فلا تمنعيني منه، فرجعت، وقلت: لا بأس! افعل كما تشتهي إن كان هذا يرضيك.

وتركته وانصرفت إلى البيت بعد أن تفقدت حوائجي؛ لئلا يرى عليها أثر ذلك. وبقيت أتردد إلى الفرن على عادتي يوميًا، ولا أحد ينكر علي ذلك. وكلما خلا لنا الوقت يأخذني، ويفعل بي كالأول، وأنا لا أستنكر منه ذلك، بل أطاوعه على مراده؛ لزيادة محبتي له.

وطال الأمر بيننا مدة أيام، وكنت قد كبرت، وقاربت البلوغ، وصرت أجد لذلك لذة عظيمة في نفسي، وأترقب الخلوة معه زيادة عن عادتي، وأقول له عند ذلك: أَشِفَّ [زِد] وأكثر معي من هذا؛ فإني أجد في نفسي لذة. فكان يطرب لقولي هذا، ويُقلِّب عليَّ أبواب النيك على أشكال غريبة، وأنا أجد في كل مرة لذة فوق التي قبلها، حتى لحقتُ النساء، وعرفت لذة الجماع، فمنعني أبي وأهلي من الخروج إلى الفرن والأسواق، فكنت أجد في نفسي من الشوق إليه ما لا أطيقه، وأراه كل ليل في نومي أنه يفعل بي كعادته في الفرن، فأقوم من النوم زائدة الأشواق إليه وإلى فعله، وتجسرني [تحفزني] الشهوة على أمور هائلة عظيمة، فأردّ نفسي وأتصبر وأنتظر الفرصة، إلى أن ذهبت أمي وأبي يومًا إلى دعوة عرس، وأخذت معها سائر من في البيت، وبقيت أنا وحدي أُصْلح شأن الطعام لأبي وإخوتي.

فبالقَدَر احتاج ذلك الشاب العجان إلى الطحين، فجاء إلى البيت في ذلك اليوم ليأخذ الطحين، وطرق الباب ففتحت له، فلما أن وقعت عليه وعرفته ما قدرت أن أملك عقلي، فجذبته من أطواقه، وأدخلته البيت وغلقت الباب، وقلت: إلى متى أنا في انتظارك؟ فلما شاهد مني ذلك؛ قال: يحضر أبوك أو أخوتك على حين غفلة، فينظروني معك فماذا يكون جوابنا لهم عند ذلك؟ فقلت: دعهم يجيئوا ويصير ما يصير.

ثم أدخلته في محل داخل البيت مُعدّ برسمي [خاص بي]، وقلت له: هذا مكاني، ولا يدخل عليه أحد. ثم نزعت ثيابي عن بدني، وبقيت عريانة، وتقدمت إليه، وضممته إليَّ، وقبلته في نحره، وهو يفعل بي كذلك، غير أنه منذهل مستوحش من الخوف، وأنا قد انخلع قلبي من الشهوة والشبق وشدة الشوق إليه، وهو متباطئ عليَّ بخلاف عادته. فقلت: مالك في هذا اليوم بليد القلب مستكن الحركة؟ فقال: من شدة خوفي أن يفطن بنا أحد. فقلت: لا تخف، وارفع هذا من قلبك، فإن إخوتي في أشغالهم، ولا

يحضرون إلى المساء، وأبي كذلك في الفرن يبيع ويشتري، ولا يمكنه أن يفارق الفرن، وليس له شغل هنا، فكن في راحة مما تحذره، واغتنم الفرصة.

فانتبه من كلامي، وأقبل عليَّ، وقبض على خواصري، وحملني إلى مرتبة في صدر المكان، ونام فوقها على قفاه، وضمني إلى صدره بحنو وشفقة ومحبة عظيمة، وأخذ لساني ومصه على عادته بعنف وقوة؛ فحللت سراويله، وركبت على صدره، وجعلت رأسه تحت بطني، وضربت علي سائر عروق النيك التي في جسدي؛ فقمت إليه وكشفت عن ذَكَره، وأخرجته وقد توتر وصار مثل العصا، فجعلت أقبله وأترشفه وأعاطيه الكلام الرقيق والغنج اللطيف؛ فأقبل إلي بعد إعراضه عني، فقبض على خواصري من فوقه، وجذبني بقوة، فألقاني إلى الأرض، وركب على صدري، وجمعني تحته، وجعل يرتشف رشفة بعد أخرى، وأنا أزيد غُلمته [رغبته]، وأهيج شهوته بكلام لو سمعه حجر لتحرك.

فلما تمكنت الشهوةُ من جسده، وخلعت عقله، وزال عنه الرعب والخوف، وارتفع حجاب الحياء؛ ضمني إليه ضمة لا أنسى لذتها ليومي هذا، فحسبت أن جميع أعضائي تفككت مني لشدة الشهوة، وقد أخرج أيره كأنه عمود، وجعل يحك بين أشفاري حكًا جيدًا حتى أدماها، ويطأطىء علي ويقبلني وأنا من تحته أذوب كما يذوب الرصاص؛ لشدة الشهوة التي تحكمت في جسدي.

فقلت له -من شدة الشبق والهيجان للنيك وألم الحب-: ويحك! مالك وهذا! أما تنيك مثل الناس وتطفى حرقتي وحرقتك، وقد أشبعتني ألمًا من فعلك هذا بأشفاري، وقد أحرقت جسدي بنار شهوتي؟ فما هذا الفتور عن قضاء حاجتك؟! زُجَّه في بطني، وأسمعني صريره في رحمي، لعله يشفي قلبي من هذا العناء.

فانتفخ من الغيظ، وقال: ويحك! وما أفعل بك وأنت بِكر ولا سبيل إلى دخوله فيك؟! فقلت: يا للعجب! كأن البكر لا تناك. قال بلى، ولكنني أخشى من العواقب. فقلت: لا تخف، ودع عنك هذا الحذر، وكن جسورًا، فقد أمكنتنا الفرصة وكل وقت لا يجيء معنا مثل هذا. فبحياتي عليك إلا ما تركت عنك هذا الحذر، وأشبعتني من النيك. ودع أهلي يفعلوا ما شاءوا؛ فإني لا أجد صبرًا عن ذلك، وقد صفت لنا الأوقات وخلا لنا المكان، فقم إلي وأشبعني منك نيكًا، فقد أهلكني البعد.

فلما سمع مني ذلك؛ استوى على قدميه، وقد ذهل عقله لشدة الشهوة التي استحكمت في جسده. وكان داخل المكان الذي نحن فيه مكان آخر، فحملني ودخل بي إليه. وكان فيه تخت خشب بدون فراش، فمن شفقته عليَّ لم يرض أن يضمني عليه؛ لئلا يتألم جسدي؛ لأني كنت عريانة من الثياب، بل وضع إحدى ركبتي [بل قدميه] على التخت، وترك الثانية على الأرض، وأجلسني على ركبته، وأسند ظهري إلى مخدة، وسيقاني في وسطه، وجعل إحدى يديه على فخذي، والثانية من خلف ظهري، وغيَّب رأس الكمْرة في رحمي قليلًا، وأخذ لساني بفمه يمصه على عادته التي يحبها مني حصة قليلة، ثم التفت إلي، وقال: إياك أن تصيحي! ودفعه دفعة واحدة، فما أحسست به إلا وهو في صميم قلبي. وجعل يجره علي جرًا قويًا، ويرهزني رهزًا متداركًا، وأعاطيه من الشهيق والكلام الرقيق ما لم يسمعه في عمره، فيزداد بي شغفًا وتقوى شهوته، فيجود النيك.

وكان هو من أهل المعرفة به، فلم يزل على فعله هذا حتى صبه فيَّ ثلاث مرات في فرد واحد، وقد أشبعني نيكًا ورهزًا. ثم سلَّه مني؛ فقمت من تحته وأنا مغرقة بالدماء، ولا وجدت ألمًا لإزالة بكارتي من شدة الشهوة التي ركبتني. وبقيت من يومي ذلك ... لا أحب إلا الأير الكبير والعشق الظريف."[28]

28 رجوع الشيخ، ص 294 – 299 .

ثانيا- الانتقال من وضع إلى آخر

وضع: اللبلاب يطلع النَّخْل

أيها الحبيب ها أنت **جالس على المقعد المستدير المرتفع** (لو كان قابلا للارتفاع والانخفاض! يا الله!)، تلْمَس قدماك الأرضَ، وتُسند ظهرك إلى جدار. **تقترب الحبيبة الجالسة على الأرض** بعد أن جففتْ ساقيك المبللتين بالماء ودهنَتْهما بالزيت المعطر. ها هي تستمتع الآن بلمس قدميك **وصولا إلى ركبتيك**، وتملّي عينيها من جمال وجهك.

ها أنت تتلقى نظراتها بما يليق بها من حب، وتمتد يداك إلى خصلات شعرها تداعبها، وإلى وجهها تستمتع بملمسه الوضيء. تجلس الحبيبة على ركبتيها وترفع جسدها وتقترب بوجهها من ركبتيك تداعبهما حتى تنال شرف الاقتراب من أيرك الذي يبادل جسدها عشقا بعشق. تمصه إذا شاءت وتدلكه إذا شاءت برفق.

لا عليك أيها العاشق إن مددت يمناك إلى مؤخرتها لترفع جسدها قليلا عن الأرض حتى تتمكن من أن تضع ساقها اليمنى فوق ركبتك اليسرى، وتكاد يسراها تكون ملامسة الأرض.

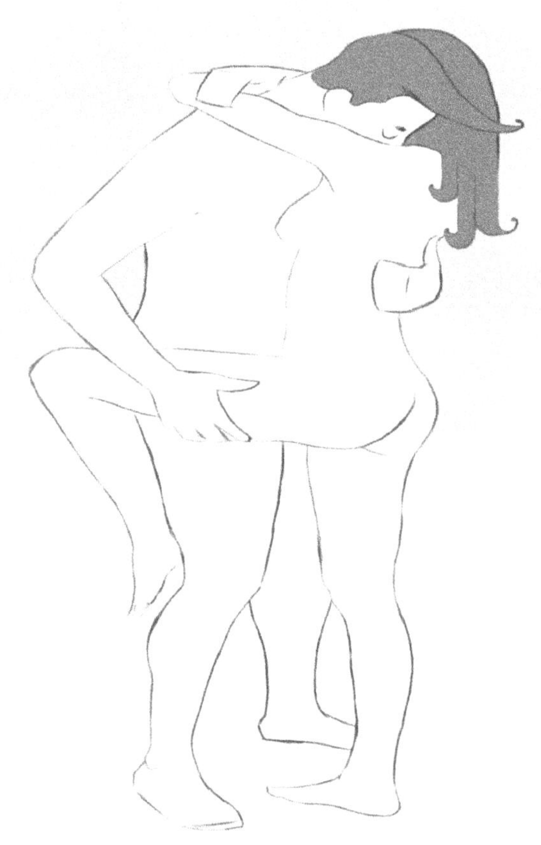

لا يغفلن جسداكما عن استشعار البهجة في احتكاك القدم بالركبة، والإحساس بطيران الحبيبة كأنها الفراشة أو راقصة الباليه. يسراها على الأرض والأخرى حول جسده، وها هما يندمجان متى شاءا. هل نسمي هذا الوضع "يُسرى أفروديت" أم "النبات المتسلق"؟ كما تشاءان أيها العاشقان. بعد المد والجزر

لبعض الوقت قد تحتاجان إلى أن تصيرا أكثر توحدا، وأن يكون للحضن أسمى حضور. **العاشق يمد يده إلى الساق اليسرى الحبيبة ويرفعها عن الأرض بأناة، وعليها أن تتشبث برقبته، فيصير ساقاها حول وسطه،** وليمنحها ما شاء وشاءت من رطب نخلة الجسد. ما أبهاهما إذ تلتقي النظرات ويتبادلان القبلات، وتتلامس الأيادي خصلات الشعر، كما تلتقي الأصابع والظهور ! (لو أن هناك مرآة خلف كليهما لكانت المتعة أتم). هل نسمي هذا "طلوع النخل"؟ لم لا، وإن كان كلاهما قد عَرَج إلى سدرة المحبة لينالا أشهى الثمار.

ومضة: لا شيء يَخفَى

المرايا تُسعد القلب. ألا ترى كيف يتقافز قلبك من الفرح حين ترى حبيبتك تتقافز فوق جسدك فارسة،

وجهها للمرآة وظهرها لعينيك العاشقتين؟ تتقافز فتبدو عجيزتها وظهرها أمام عينيك بين ارتفاع وهبوط

يوازي طيران مشاعرك معهما، فما بالك حين تضيف إلى هذا الجمال نهديها إذ يتقافزان في المرآة. وإن لم تكن هناك مرآة فلا بأس، فخيالك صانع للمرايا. ها أنت تتخيل ملامح وجهها المستمتع في مرآة خيالك ونهديها المنطلقين لا يستقران ليرفعا درجة رغبتك إلى عليين.

ومضة: العشق واللبلاب

العَشقة هي اللبلابة؛ تخضر وتصفر وتَعْلَق بالذي يليها من الأشجار. وسمي العاشق عاشقا؛ لأنه يذبل من شدة الهوى، كما تذبل العَشقة إذا قطعت.

وضع: الانتقال من وضع أرسطو إلى وضع حرف لا

القلب يراها قبل العينين. إذا التفت الحبيب عنها فإنما ليراها بعيني فؤاده. كم مرة يستلقى على ظهره وعيناه إلى السماء يتفكر في ملامحها وصبَواتها وجنونها ودفق مشاعرها. يحدث له هذا أحيانا وهي مستلقية إلى جواره.

وهو في وضع التأمل هذا قد يجد نفسه مدفوعا إلى أن يمد يمناه —وهي إلى يساره فيلمس نهدها أو يمررها برفق عليه نزولا إلى ركبتها اليمنى، وقد يجنح إلى فرْجها؛ فيثور ثائر الشوق، **ويرفع ساقها اليمنى بعد أن أبدت قبولا ورغبة واشتياقا، فيدخل أيره مِن تحتها في فرجها، ويجد نفسه وقد صنع زاوية شبه قائمة على سرير رغبتهما**؛ فيدك الحصون ويهدم نظريات الرياضيين اليونان، ويصبح كل نظام في خبر كان.

ها هو يشتاق إلى بهاء وجهها، فيُنزل ساقها ويعتلي **جسدها** فارسا مغوارا لا يُشق له غبار، لكنه لا يكتفي بهذا الاعتلاء فـيـيمم وجهه يسارا ويضع كلتا راحتيه على السرير إلى يمين الحبيبة صاعدا **هابطا، كأنما يصنع بجسديهما كلمة "لا". هي اللام وهو الألف**، لكنهما ينتظران النقْط بكل لهفة لينتهي ما بدآه من الكلام.

كل شهقة تصدر منها تجعله يلتفت بشهقة أو صرخة أو بسمة أو نظرة وعد. كتبا حرف لا، لكن كل ما في جسديهما يردد بلا تردد: نعم.. نعم.

وضع: رقصة الباليه

تصدح الموسيقى والحبيبان واقفان. **الحبيبة مستندة إلى الحائط** مستسلمة لقبلات الحبيب. تعبر عينيها سحابات عشق. **يرفع العاشق ساقها اليمنى** برفق مُلبّيا نداء شاطئها الرطيب. يدخل بحره إلى شاطئها هائجا مائجا، وصوته يهدر بين جزر ومد، بين شوق وحنين. الفم العاشق لا يكف عن التهام حليب وجهها، ما بين تقبيل ولحس ومص وعض بعزم لا يلين. تأوهات الحبيبة ليست طلبا للرحمة، بل توسلا لدوام نعمة الإبحار وسط دوامات السعادة.

الحبيبة لا تزال رافعة ساقها، **والحبيب تثب أطراف أصابع قدميه من على الأرض، ويده تمسك بإليتها** مستمتعا بكنزها الغالي.

لا بأس إذا ارتاحت راقصة البالية، **وأسندت جسمها من الأمام إلى حافة السرير على هيئة زاوية قائمة، مباعدة بين فخذيها ليدخل طاعنها الحبيب من الخلف إلى فرجها** الذي لم يهدأ بعد ولن يهدأ، حتى يأتيه يقين الارتواء.

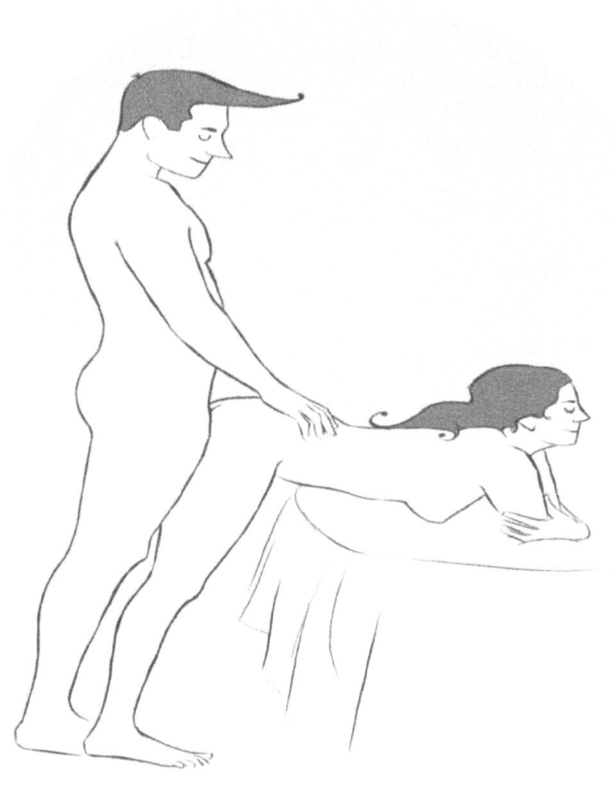

لا تلبث الحبيبة أن **ترفع ركبتها اليمنى إلى أعلى السرير**، لتستقر عليه، لكن شوق الحبيب لا يقر له قرار. قدما الحبيب ثابتتان في الأرض، وأيره ثابت في قلب الفرج المشتعل.

العاشق يحتاج إلى الحضن. فليهجعا إذن إلى السرير، وليختارا ما شاءا من الأوضاع بشرط أن تمتزج النهود والعيون والشفاه.. وأن ينزل المطر.

وضع: النعامة

لن يخفيا رأسيهما في الرمال. سيعترفان هذه الليلة بكل ما بين جنبيهما من الشوق والرغبة الهادرة. قادتهما اللحظات الأولى من القرب إلى هذه اللحظة الحاسمة. كانت **حافة السرير تصنع زاوية قائمة مع التسريحة**، حيث كانت الحبيبة تضبط مشد صدرها، وقميصُ النوم يكشف عن كثير من مفاتن جسدها في الخلف. دنا منها، **واحتضنها من ورائها**. مس نهديها ولم يلبث أن عصرهما براحتيه المشتاقتين إلى الحليب. لان الجسدُ، ولم يلتفت. **مالت العاشقة المشتاقة إلى الأمام قليلا، فرفع الحبيب ساقها إلى حافة السرير، ثم أدخل أيره في فرجها.**

يستطيع الآن أن يرفع قدمه قليلا ليستند إلى حافة السرير أيضا، ويواصل سعيه المحموم بين فرجها والفراغ القليل الفاصل بين جسديهما. النعامة تكاد ترفرف وتطير في فراغ الغرفة، لكنها تكتفي بالتحليق في سماء عشقهما الرقيق.

وضع: الرمح المغروس

"كل شيء في حبيبتي يبهج النظر". هكذا قال العاشق في نفسه، وهو يتأمل مفاتنها المنفلتة من كل أَسْر. صدرها يُعرب عن نفسه في جسارة. إذا كان هذا ما في أعلى الجسد؛ فما بالنا بأسفله؟. لم يكن قميص نومها الشفاف يكاد يخفي شيئا.

احتضنها من الخلف ومرت أصابعه النابضة بالعشق على صدرها حتى نزلت إلى ما بين فخذيها؛ فوجد كل شيء ناعما. تبين له أن جسدها كأنه وُلد من جديد. لم يكن في جسدها شعرة. كانت كأنها عروس أُعِدّت لليلة زفافها. آهٍ يا ربي! هذا جسد يحتاج اليوم إلى عناية خاصة. لن أخذل عروسي، وسأجعلها تصحو في الصباح تنتظر مني أن أقول لها: صباحية مباركة يا عروستي!

حين **نامت على ظهرها**؛ أتى الحبيب إليها من عند رأسها، فقبل الجبين والشفاه والعنق والصدر حتى وصل إلى سدرة المنتهى حيث الشجر العاري وقد سقطت أوراقه تماما. **تمتع بتقبيل فرجها ولحسه حتى تفجّر بالنداء. نهض العاشق واقفا، معطيا ظهره للحبيبة ورفع ساقيها إلى أعلى قليلا، وتقدم بجسده أمامها؛** ففهمت المراد. **شّدت ساقيها إلى جسدها، فجلس –أو كاد– على بطن فخذها**، وقد انكشفت كل أسرار المعبد.

أيّ هناء هذا حين يعلو الفرج وتنفتح الساقان كاشفة عن السر المصون! تمس يداه هذه الأرض المباركة كمن يمر بيديه فوق باقة ورد بهرت عينه بجمالها الأخاذ. يكاد أيره ينقض كالصقر إلى هدف خطف عينيه. يُدخل الفرج في الفرج، وتبدأ سيمفونية الصعود والهبوط في العزف. قد يجد نفسه مضطرا

إلى أن يتقدم إلى الأمام قليلا لتستند ركبتاه إلى الأرض. وحين يرتفع صوت آلة النفخ، المذهلة، تخفت كل الأصوات. حتى الآهات تضيع وسط هذه النغمات القوية. ولا يهدأ الإيقاع إلا حين ينزل المطر، فتزدهر الروح، ويفوح من الجسد عطر الرياحين.

في هذه اللحظة يسأل العاشق نفسه: "متى تصعد حبيبتي لتفعل بي ما فعلت بها. يا رب! ألهِمها أن تفعل".

ومضة: أسماء واجبة

من الأوضاع التي ذكرها صاحب "جامع اللذة" أن "تنام المرأة وتجعل تحت عجُزها مخدتين، حتى ترتفع، وتأخذ إبهامي رجليها بيديها وتجذبهما إلى رأسها، ويجلس الرجل على باطن فخذيها وظهره إليها، وقد برز كسها كل البروز؛ فيولجه ‑وهو شاهدٌ كسَّها وعجزها، ويجس ثقبها وكفلها وكل ما هنالك.

قال: ويسمى هذا النوع (جاثم طأطأ). ويسمى أيضا (الروستاني). وينبغي أن يسمى (الرمح على الرامح). "[29]

---

[29] نواضر الأيك، ص 128.

وضع: الطير يلقط الحَبَّ (أو لقْط الحَبّ)

قال لها: "هل كنت أثناء الدراسة تحبين أسئلة ملء الفراغات أم الاختيار من متعدد؟". ابتسمت حين رأت في عينيه نظرة عابثة ورغبة في اللعب بالكلمات. إنها تعرف أن هناك شيئا أبعد مما تعنيه كلماته. تصنَّعت البراءة وقالت: "الاختيار من متعدد بالتأكيد". قال لها: سأعطيك إذن بعض الاختيارات وما تختارين سيكون من نصيبك.

اقتربت منه وأمسكت بوجهه بين كفيها، وحكَّت أنفها في أنفه مبتسمة في تحدٍّ، وقالت: "هات ما عندك". احتضنها بين ذراعيه، وقال: سأعطيك الاختيارات ولكن بعد أن نسطر ورقة الإجابة.

سحبها من يدها إلى السرير، وبدأ يقبل جسدها، بدءا من الكتف اليسرى حتى أطراف قدمها اليسرى، ثم صعد مقبلا القدم اليمنى حتى الكتف اليسرى، ثم قبل نهديها من اليسار إلى اليمين كأنما يرسم خطا أفقيا. تأوهت من رقة القبلات، فهبط إلى فرجها يقبله ويلاعبه ويلحسه، حتى قالت: "وقت الامتحان قارب على الانتهاء ولم نجب عن الأسئلة".

قال لها: "الامتحان كله سؤال واحد طويل، فاختاري". قرّب أيره من فرجها وأدخله بهدوء، ثم قال: **"إليك الاختيارات". بدأ يحرك أيره في فرجها، وجعله يحتك مرة بأعلى الفرج ومرة بأسفله، ومرة بجانبه الأيمن ومرة بجانبه الأيسر، مرة بقوة ومرّة برقة؛ مرة يسحبه بسرعة ومرة يسحبه ببطء؛ مرة يدخله كله ويخرجه كله، ومرة يدخل بعضه ويخرج بعضه.** وهو في كل هذا يسأل: "تريدينه هكذا أم هكذا؟"

تكاد الحبيبة تلطم وجهها من طول السؤال وكثرة الاختيارات، ولكن العاشق الحنون بعد هذا كله يقول لها: "هل أعيد عليك السؤال يا حبيبتي؟"

على الحبيبة حقا أن تختار فتصف له حال أيره حين أهاج شهوتها. وقد تطلب منه أن يدمج بين اختيارين. الامتحان صعب ولكن عند هذا الامتحان تُكرم العاشقة دائما، ولا تعرف إلا النجاح. في آخر الامتحان قالت له وكأنها لا تعرف الإجابة: يا حبيبي! لن أقول لك سوى شيء واحد. حبوبُ القمح تملأ أرجاءَ الوادي؛ فأرسل طيرك يلتقطها.

فهِم إشارتها ولبّى نداءَها، حتى **أنزلته تحتها وصعدت**، ثم قالت له: "يوم لك ويوم عليك. اختر أنت الآن". **حكَّت فرجها من أعلاه ومن أسفله ومن جانبيه، وأسرعت وأبطأت، ورقَّت عليه واشتدت** حتى حيرت لُبَّه، ثم قالت له: "ماذا تختار إذن؟" قال: "وقت الامتحان أزف، وليس لدي مبراة لأبريه". التقطت الإشارة فابتسمت، وقررت أن تبري له القلم.

ماذا جرى للحبيبة؟ هل تشعر الآن بأن العالم كله قد اختزل في فرج حبيبها؟ أو أن هذا الأير أصبح نموذجا مصغرا لحبيبها؟ إنها **تضم أيره بين يدبها وتمسّده بحنان، ثم تضعه بين نهديها وتضغط بهما عليه** بقوة حينا وبرقة حينا. يشعر العاشق بأن هذين النهدين قد أصبحا فرجا، فيسحب أيره ويولجه بينهما مستمتعا بنظرة عينيها وارتعاشة جسدها.

العاشقة تطلب أن يعيد اختبارها، ويسألها مع كل فعل يفعله: "ماذا تسمين هذا؟" لا يصبر عليها، بل يجيب فورا. يدخل أيره ويديره داخل فرجها دورة كاملة، ثم يقول هذا هو "الخض". ويحكه بأعلى فرجها ويقول هذا هو "الطعن".

ويحكه بأسفله ويقول هذا هو "المسح". يدخل أيره ويبقيه وقتا أطول مما تتوقع، ويقول: إنه "الكبس". يخرج العاشق أيره ويبعده مسافة غير متوقعة، ثم يدخله في قوة، فتتأوه، فيقول: "عفوا؛ فهذه صفعة

الخرتيت"، ثم يدلك جانبي فرجها بأيره، ويقول هذه "صفعة الثور". العاشق يبتسم متخابثا ويحك أيره في أعلاه وأسفله وجانبيه وحوله، ثم يقول: هذا ما لا يسمى.

ومضة: حركات تُحِلّ البركات

"حركات الذَّكَر في الفرج أنواع، والنساء يختلفن في إرادة ذلك. فمنهن من تريد أن يكون الذكر يتحرك في الفرج صعدا، أو يعهد بطرفه أعلى الفرج. ويسمى **الهنيكل**. ومن تريد أن يتحرك فيه منهبطا، أو يعهد بطرفه أسفل الفرج. ولقبه **الأبخر**. ومن تريد أن يتحرك مرة صاعدا ومرة هابطا ولقبه **النحير**. ومن تريد أن يتحرك في جانب الفرج. ولقبه **المُعْوَج**. ومن تريد أن يسكن فلا يتحرك. ولقبه **الواقف**. ومن تريد أن يتحرك على نوعين فأكثر مما ذُكِرَ. فلقبه **لقط الحَبّ**؛ لأنه كالطير يلتقط الحب من الجوانب، وهو أحمده."[30]

ومضة: الكل أم الجزء؟

له أن "ينيك برأس أيره فقط إلى أن يقارب الإنزال، فيدكه دكة واحدة، وينزل فيها.

ينيك بنصفه كذلك.

ينيك بثلاثة أرباعه.

ينيك بكله، ولا يخرج منه في الرهز إلا قدر طول شعيرة إلا أن يفرغ.

---

30 نواضر الأيك، ص 47.

ينيك، ولا يخرج منه شيء أصلًا؛ بل يحركها متحركا إلى الجهات الست.

يدخل شعيرة شعيرة إلى أن يستوفيه، ثم يخرج شعيرة شعيرة إلى أن يخرج، وهذا كله يدخله بتدريج، ويخرجه بتدريج، إلى فراغه.

يركب على بطنها، ويلوي أيره إلى الوراء قليلًا، وينيك في رأس أشفارها، ويدخل رأسه فقط، فإذا رهز كذلك ساعة أولج نصفه، ثم يخرجه، ثم يولج كله، ويشهق إلى فراغه."[31]

وضع: رفع السماء

قميص النوم القصير كشف عن مفاتن ساقيها وهي نائمة في السرير، تسمع الموسيقى الهادئة، وعيناها تلتقط بعض لفتات الحبيب. دعاه عطرها؛ فجلس في أقصى السرير في مقابل قدميها، وعيناه تنظران إلى وجهها البعيد، وتبتسمان في شوق؛ فتتنهد وتقول في دلال وميوعة: "وحشتني!".

يجلس كأنه يتشهد أو يستعد للسجود. يرفع قدميها ويغمرهما بقبلاته، مرورا بالفخذين، حتى يكاد يصل إلى مقعدتها الراسخة. تفتح ساقيها بأناة ليستقر بينهما بعد أن ثارت ثائرة الفارس الجسور المتأهب بين فخذيه. لا يهاجم القلعة بل يذهب للاستطلاع والمناورة. يلاعب **فرجها بأيره**، ويمس الأسوار ويتلمس الأبواب، حتى تنهار الحصون بغير مقاومة.

31 نواضر الأيك، 150 – 151.

ها هي تعطيه الفرصة فيدخل مستمتعا بعطايا فرجها التي لا تَنْفَد. المطر يرسل بعض قطراته فيزيد استمتاعه بالتجول في أنحاء قلعتها المباركة. **الساقان المرفوعتان تمنعان السماء من أن تميد.**

لكن العاشق يَرفُق بهما فينزلهما أحيانا لينطبق بجسده كلها على جسد معشوقته. ويحلو له أحيانا أن يرفع ساقا واحدة ليدخل بأيره في قوة وانطلاق.

وحين ترتفع الساقان قد تبقيان كأنهما تحفظان السماء من أن تميد، وقد تسترخيان فوق كتف الحبيب طلبا لهدنة محارب.

يضم الساقين معا في حضنه من آن إلى آخر، ويرفعهما قليلا فتنسحب وراءهما المِقعدة، والأير كما هو داخل في فرجها، لكن تلك الضمة تزيد من الضيق والاحتكاك فتزيد التأوهات. ألف سلامة يا حبيبتي، ولكن قليلا من العذاب ييسر الأسباب!

العاشق لا يريد أن يرسل مطره إلا وهو مستلق في حضن الحبيبة. ها هو يحرر الساقين ويرمي بنفسه كله في حضنها.

يضغط بكل قوته حتى تصدر عنهما آهة واحدة طويلة تقول معنى واحدا: ما ألذ العشق!

ومضة: لذة نيك العادة

"من أرادت من النساء أن تظفر بلذة النيك؛ فلتلاعب الرجل، وتفاكهه، وتدعوه إلى نفسها، وتلبس ثوبا رقيقا يصف بشرتها، وتقبض على أيره، ويقبض هو على كسها، ولا تزال تهز أيره من غير أن ترهقه، حتى يشتد قيامه وسخونته وتمتد عروقه في يدها. فإذا اشتد عليه؛ ضرب عليها، وهاجا معا، ثم تعانقه بيدها اليمنى، وهي ماسكة ذكره بيده اليسرى. ويقبل عينيها، ويلوي برأسها، وتملط هي فاه، وتدنو منه، فاتحة فاها بعض الفتح، كأنها ثملة، وقد أرخت رجليها ورجعت إليه حتى ألصقت صدرها بصدره، ووضعت كمرته بباب كسها، ثم ترفع رجليها فتضعهما على منكبيه وضعا، ليستبين به فلق كسها وركبها؛ فعند ذلك يركس ذكره في كسها بكل قوته، ويرهزها مع الشخير والنخير، والحمحمة والصهيل، وحين إذن تجد حلاوة ولذة في جميع عروقها ومفاصلها."[32]

---

[32] نواضر الأيك، ص 57.

ومضة: من الأوضاع "نيك العجم"

"تنام على ظهرها، وتمد ساقا وترفع ساقا، ويجلس على ركبتيه ويولجه وهي تشهق وتشخر."[33]

ومضة: لا حياء في الحبّ

يقول ابن سناء الملك (ت 608 هـ):

يا هذه لا تستحي مني فقد كُشف المغطَّى	
إن كان حِرُّك قد تثا ءب؛ إن أيري قد تمطَّى	

وضع: بستان الورد

أهداها وردة حمراء؛ فقربتها بيمناها من أنفها، واستغرقت للحظات في شمها، فأتبعها ببنفسجة أخفاها وراء ظهره، فأمسكتها باليد الأخرى وتنشقت عطرها، وأخذت تشم هذه وتشم تلك مرة بعد مرة، وهي تبتسم له بامتنان. فقال لها معاتبا: "يشغلك الورد عني؟" قالت: "كيف يشغلني الورد عن بستان الورد؟"

قبّل كفيها. وقال: "وعطر جسد حبيبتي أشهى من كل الورود". ثم قال: "هل ستحافظين على هديتي؟" قالت: "بالتأكيد". قال: "احرصي إذن على ألا تسقط أية وردة من بين يديك".

احتضنها من الخلف، وأمسك بنهديها فتأوهت. داعب الحلمتين، وأيره قد نهض يبحث له عن سبيل. أنامله تعزف أجمل موسيقى على جسدها من الأمام والخلف، والحبيبة تُصْدِر آهاتها. ويداها تمسكان بالوردتين تخشيان أن تُسقطا هدية الحبيب.

يداه تداعبان الفخذين والإليتين وتمران غير مرور الكرام على فرجها من الأمام والخلف، حتى أحسّ البلل في أنامل أصابعه العابثة.

أدخل أيره من الوراء؛ فمالت الحبيبة بجسدها إلى الأمام تمكنّه من نفسها، والوردتان لا تسقطان.

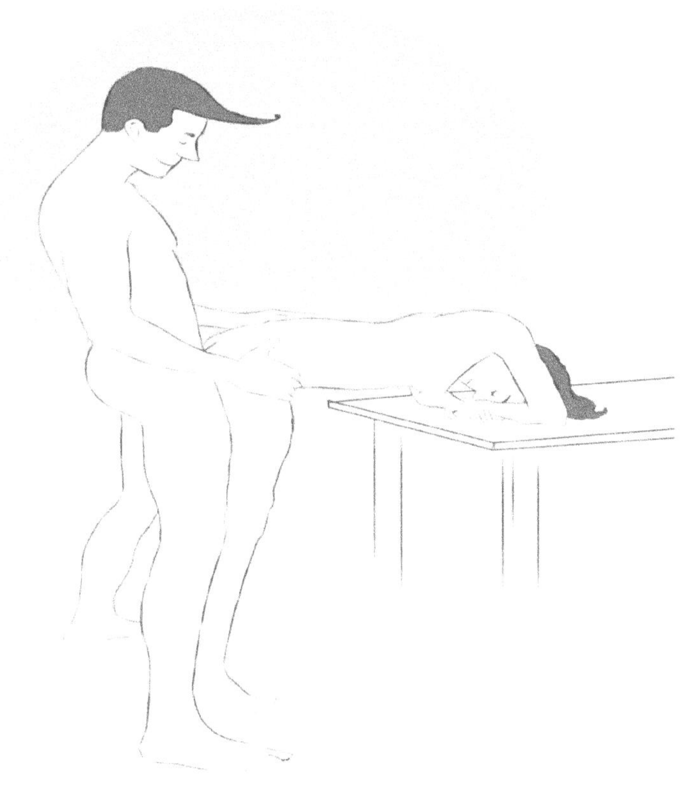

أدخله بقوة هادرة، والحبيبة لا تزال تمسك بالوردتين في صبر لا يلين. جسدها كله خرج عن سيطرتها، فيما عدا الأنامل التي تمسك بهدية الحبيب. كانت مستمتعة بإرادتها المسلوبة هذه المرة. أتت لحظة ، سقط معها قلب الحبيبة؛ فأفلتت من جسدها كل شيء إلا ماء الورد.

ومضة: انشغال الحبيب

عرَف العرب في الجاهلية امرأة أطلقوا عليها "ذات النِّحيين" [والنِّحي هو وعاء يُوضع فيه السمن واللبن والعسل ونحوها].

"وهي امرأة من بني هُذَيْل جاءت عُكاظ، ومعها نِحْيان [وعاءان] من سمن تبيعهما، فأتاها خَوّات بن جُبَير ‑وكان ذلك قبل الإسلام‑ فأخذ منها نِحيًا، ففتحه فذاقه، ودفعه إليها، فأمسكته باليد الأخرى، ثم سعى برجليها، فجعلت تضطرب ولا تخلي رأس النحيين، حتى قضى حاجته. فقالت العرب: "أشغل من ذات النِّحيين." [34]

"ويُروى أن النبي ‑صلى الله عليه وسلم‑ لاطف خَوّاتا يوما، فقال: ما فعلتْ ذاتُ النِّحيين؟ فقال: يا رسول الله كنا في جاهلية. وفي رواية أنه قال لخوات: ما فعل بعيرك الشارد؟ قال: قيده الإسلام يا رسول الله." [35]

والسؤال الآن: هل كانت ذات النحيين مشغولة حقا بالوعائين المهتزين في يديها، أم بالوعاء الراسخ بين فخذيها، أم كانت تدَّعي الانشغال؟!

---

[34] نواضر الأيك، ص 113.

[35] نواضر الأيك، ص 115.

وضع: الشهاب

صوت غناء الحبيبة وعطرها –إذ تتزين– يسريان إلى هنا. هنا حيث البراءة تغمر المكان. أهذه **حجرة الأطفال أم حجرة معدة لسيناريوهات العشق؟! سريران صغيران بينهما مسافة يقبع فيها كرسي مرتفع بلا مساند**. لا يصرح العاشق لها بما ينتويه، بل يدخل إلى الحجرة في الوقت المناسب، وينادي على حبيبته فتلبي النداء. يعلن لها عن شوقه، ويحتضنها بين ذراعيه ويغمرها بقبلاته. ترى في عينيه ولمساته التأهب والشوق فتستجيب.

تكاد تسقط إذ تتفكك أوصالها من لمساته المدهشة التي تعرف الطريق إلى جسدها. **تجلس على الكرسي بين السريرين، فيَدخل العاشق بين ساقيها. ترفع ساقيها لتستقر أعلى السريرين ممدودتين حينا ومثنيتين حينا. يولج أيره في فرجها**، ويحقق لها رغبتها في الدفع بقوة داخلها.

يمسك بظهر الكرسي؛ ليتمكن أيره من الغزو المحتمل. أيره يدخل كالمِطرقة. يَنْدَكُّ باطن فرجها، ولا يطلب الرحمة. يمسك نهديها بين يديه بقوة ويستمر في دك الحصون، ثم لا يلبث أن يهدئ إيقاعه، كأنما يريد أن ينتقل في لحنه الصاخب من مقام إلى مقام، وليتمكن من تغيير الوضع الذي تظن الحبيبة أنهما وجدا نفسيهما فيه بالصدفة.

العاشق يتبادل الجلوس مع حبيبته، يضبط وضع الكرسي. تغمره الحبيبة بابتساماتها قبل أن تغمره بقبلاتها، ثم **تصعد إلى السريرين واضعة ساقا على هذا وساقا على ذاك،** فيرتفع ناظراه إليها مترقبا متأهبا مشتاقا.

تملأ عينيها من قضيبه المنتصب، ثم تجلس عليه، فيدخل إلى فرجها متلهفا. الحبيبة تفتح فاها فقد تمكنت مما تريد بحق. إنها سيدة اللحظة. **تصعد وتهبط وتحك فرجها بفرجه** بحسب ما تشتهي وتشاء. نهداها يتقافزان بشقاوتهما المحببة. العاشق يمسك بخصرها حينا وبعجيزتها حينا، وهي لا تكف عن الصعود والهبوط بهدوء حينا، وبقوة وعزيمة في معظم الأحايين.

كم يسعدها الآن أن بظرها ينال حظه كاملاً من الحك اللذيذ، كأن هذا الوضع خُلق لأجله وحده.
والحق أن كل جسد الحبيبة يترشف الآن كل المتع بهدوء رائق.

أي جنون هذا الذي تفعله الحبيبة؟! إنها تفعل ما تفعله مرة أخرى، ولكن بعد أن تُولّى ظهرها لحبيبها، وتمسك بطرفي السريرين لتزيد من قوة دفعها.

لا بأس؛ فالمرايا المواجهة لا تحرمه من جمال وجهها ونهديها، أما ظهرها وعجيزتها فيقدمان له الوعد بمتع لا تنتهي. يا تُرى، إلى أين ستنتهي بهما هذه اللحظاتّ؟! لا أحد يدري، لكن المؤكد أن العطر سيظل يغمر المكان.

على الحافة

يشعر بنفسه اليوم طائرا محلقا، على الرغم من أنه مستقر في السرير يترقب ، تحيط به نسائم عطر حبيبته. يقف على حافة الأشياء .يرغب في أن يتذوق فحسب ولا يغترف أطاييب الطعام. يلمس ولا يقبض بيديه على المشتهيات .شعر بنفسه خفيفا منطلقا. ابتسامة حبيبته وضحكتها تحملان جناحيه إلى أفق بعيد. قميصها اليوم أبيض قصير لا يخفى من جمال معشوقته سوى بعض لون الجسد.

انتقل من طرف السرير إلى الداخل قليلا مفسحا لها موضع. نامت على جانبها، بعد أن ابتسمت لها ابتسامة المحبين، وأعطت العاشق ظهرها كأنهما تتأهب للنوم. إذا نامت هي حقا؛ فإن قلبه يقظان. أما أيره (ذلك الحارس الأمين) فلا يعرف النوم إليه سبيلا، مادام هذا الجمال يغمر عشهما.

يحتضنها من الخلف بنعومة، ويمد يدا تتلمس ما على حافة صدرها؛ الحلمة الساحرة. يا لك من محظوظ أيها الفتى! الحلمة مشدودة كأنها حبة عنب طازجة تنتظر القِطاف. يمس الحلمة مسا خفيفة براحة يده، ثم يمسكها بين السبابة والإبهام كأنه يختبر طزاجة حبة العنب. يكاد يلفها بين إصبعيه، ثم يعاود مسها براحة يده. أيرِه من الخلف يداعب فرجها وعجيزتها، لكنه لا يدخل إلى جسدها. إنه على حافة الصدر والفرْج والمنطقة السفلى, كلها. "يا لها من متعة أن تكون على الحافة". هكذا همس لنفسه، وكأنما قرأت مشاعره، فانسحبت تدريجا إى حافة السرير كأنها تهم بالسقوط. هاهو حريص على ألا يترك جسدها يفلت من لمساته، فيتابعه بيده وأيره. أين الحلمة الأخرى؟ تتلمس يده الأخرى رأسها، ثم تدخل تدريجيا من تحت رأسها وجسمها ليمسك بالنهد الآخر في كف يده، ويكتشف مفاتن النهدين والحلمتين. يزيد انسحابها إلى حافة السرير في دلال، فيتبعها بجسده ليبقى معها على الحافة.تنام على **ظهرها، و تُنزل إحدى**

ساقيها تكاد تلمس الأرض، فيقترب بصدره من صدرها، ويمسك بنهديها والحلمتين، في حين يدخل أيره في فرجها، ليكتشف المناطق الغامضة هناك .. هناك، حيث النشوة الكاملة.

وهي نائمة على ظهرها، يضع ركبته اليسرى إلى جانب ساقها اليمنى المستقرة على السرير ، في حين يثبت قدمه اليمنى على الأرض. يرفع ساقها اليسرى بيمناه، ويدنو بأيره. تنتظر منه أن يدخل إلى جسدها مدفوعا بثبات قدمه في العشق والتشهي، لكنه اليوم يؤثر العزف الهادئ على أنغام الطير .

ها هي الآن تسحب جسدها لتنام على جانبها الأيسر، ولكن المقر دائما هو الحافة. **يظل مثبتا قدمه اليمنى على الأرض وركبته اليسرى على السرير. يضم ساقيها بيمناه**، ويدنو من الفردوس. **يُدخل أيره من الخلف، ويرفع جذعها قليلا** ليريح العصفور في عشه.

تزيد تأوهاتها، فيبتعد قليلا، ليتيح لها أن تنام على بطنها وتثبت يديها على الأرض.لا يتركها تفلت بل يتبعها،

تتأوه، ثم **تنام على ظهرها وتجعل رأسها خارج السرير، فيصعد إلى السرير مواجها فرجها. ترفع ساقيها لتحيط برقبتها، فيُدخل أيره فيها**. الأير في الأعماق لكن العاشقة على الحافة تعاين النشوة في أبهى صورها.

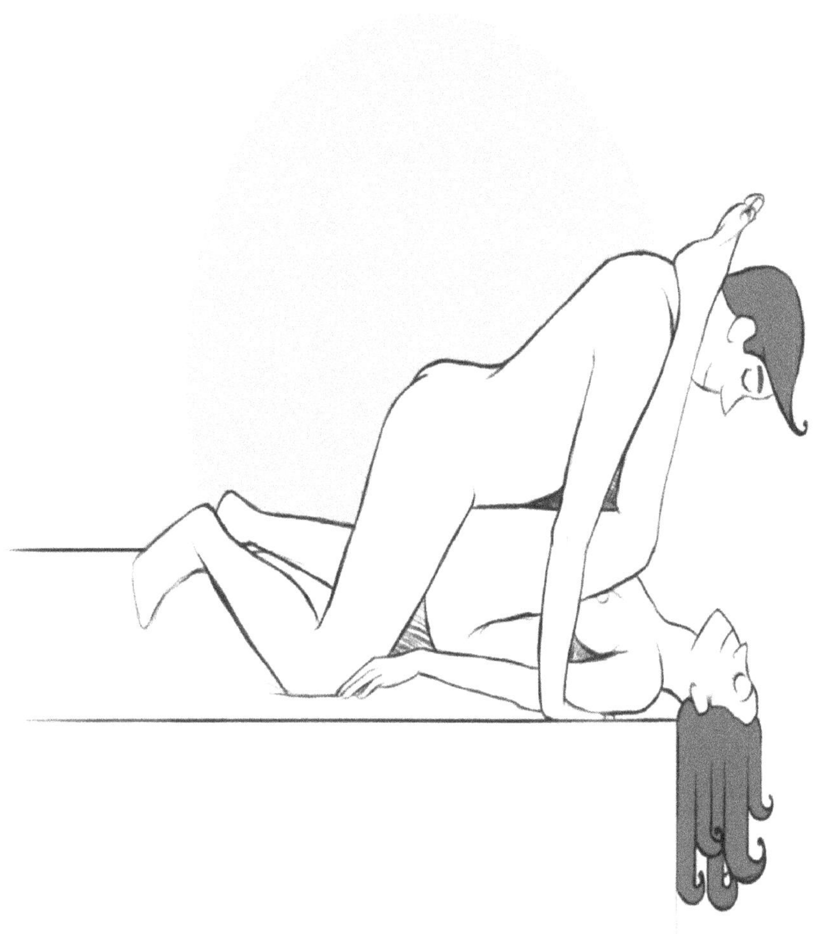

يستقر بجسده فوقها، **ويثبّت يديه على الأرض مُدخلا أيرِه فيها من الخلف**. العش لا يزال مبتلا ومستعدا للمزيد. ترفع رأسها في خُيَلاء، ويشكل جسمهما معا طائرا مرفرفا لا يقر له قرار. يا تُرى، متى يتوقف غناء الطيور؟ وإن توقف؛ فإنما يستعد لهديل جديد.

ثالثًا – أنّي شئتم

أوباريشتاكا

خرجا من الحمام عاريين وتعطرا. استلقى العاشق على السرير يستمتع بتأمل حبيبته وهي تتجمل أمام المرآة. قال لها، وهي على وشك أن تضع أحمر الشفاه: "لا تسرفي في وضع الأحمر، حتى لا يترك أثرا في البحر". (يقصد أيره). ألقت نظرة سريعة على أيره. قام إليها واحتضنها من الخلف وقبّل رأسها وكتفيها وظهرها. التفتت بجسدها إليه. احتضنته وقبلت شفتيه، ثم نزلت إلى عنقه وصدره وسرّته حتى وصلت إلى أيره، فقبلته من الرأس ثم وضعته في فمها بكل حنان. احتضنت مؤخرة حبيبها وهي تلحس القضيب، ثم عادت فمررت يمناها من تحته وهي تجذب أيره إلى فمها.

يمد يديه إلى حبيبته لتقوم إلى حضنه، فيحتضنها بقوة، ثم يقبل نهديها ويلحس حلمتيها، ثم بطنها، ثم سرتها، وينزل إلى فرجها فيقبّله من منتصفه ويلحس الشفرين كأنهما شفتا حبيبته؛ فتأتّوه. ينهض من الأرض ليأخذ حبيبته إلى السرير.

اقتربت منه، وداعبت جسده قليلا حتى وصلت إلى أيره، فقبّلته قبلة طويلة كأنها شفاه الحبيب. قبّلت الأير عند الرأس، ثم قبلته من جانب ثم من الجانب الآخر. وضعت قضيبه بين شفتيها، وحركت فمها حوله، ثم أمسكت بالنهاية السفلى للقضيب بين أناملها، وضغطت على جانبيه بشفتيها وبأسنانها برقة. قبضت بشفتيها على القضيب من منتصفه، وبدأت في سحب وجهها بهدوء حتى كاد أن يخرج، فعادت مرة أخرى بشفتيها إلى منتصفه ثم سحبت فمها مع زيادة الضغط، وكررت هذا مع تغيير قوة الضغط. لمست القضيب بلسانها في مختلف نواحيه، ومررت لسانها فوق الرأس.

ها هي الآن تلحس جوانبه من أسفله إلى أعلى حتى الرأس، كأنما تتلذذ بتذوق بسكويتة آيس كريم. ما أجمل هذا المذاق الذي لا ينتهي! يشعر العاشق بأنه أوشك على الإنزال، فيصدر آهات وآهات. تنتبه الحبيبة، فتترك أيره قليلا، وتنزل بلسانها إلى أسفل لتلحس ما تحته وتصل بلسانها حتى قرب فتحة الإست. أية جرأة هذه يا حبيبتي! لقد فككت أوصالي.

كانت يده تتمتع بلمس كل ما تصل إليه: النهدين والإليتين. أما هي فتعود الآن إلى القضيب لتضعه كله في فمها، كأنما تود أن تبتلعه لتعيد ولادته من جديد.

كانت تمارس الأوباريشتاكا وهي جالسة إلى جواره، وساقاها مجاورتان لساقه. قال لها: "اشتقت إلى وجهك". لفّت بجسمها، وجعلت ساقيها قريبتين من وجهه. قبلت فخذيه ثم عادت إلى ما كانت فيه.

يجلس الحبيبان في وضع متعاكس، فيلحس فرجها، وهي تلحس أيره في الوقت نفسه.

تعلوه هي مرة، ويعلوها هو مرة أخرى. يلحس بظرْها لحسات متوالية، ثم يُدخل لسانه في فتحة فرجها كأنه يقبض بشفتيه على معظم فرجها، ثم بأسنانه كأنه سيبتلعه، لكن الرقة لا تغادر العاشق. يستمتع بالبلل فيه. كل جسد الحبيبة أرض عشق. تتأوه الحبيبة كأنها وصلت إلى قمة العشق ومنتهاه؛ فيقول لها: "الطريق لا يزال طويلا يا روح القلب".

أوباريشتاكا مرة أخرى

هل تعرف الأمَّ الحانية حين تكون إحدى يديها مشغولة بشيء، وتأتيها ابنتها وهي بحاجة إلى حضن، فتتلقفها بيد واحدة وتحتضنها؟ هكذا تتلقف الحبيبة أير الحبيب وتحتضنه بيدها، ثم تلحسه بلسانها وهي مغمِضةٌ عينيها، مبديةٌ بملامح وجهها كل الوجد والشوق والاستمتاع. هذه الملامح التي يترقبها الحبيب هي وحدها كفيلة بأن تفعل به الأفاعيل.

أَتَعْرِف الأمَّ حين ترى وليدها الذي يحبو وقد نظر إليها، كأنه يقول لها: "احمليني"، فتقبض على خاصريه لترفعه إلى أعلى وتنتظر نزوله بين يديها ثانيةً في سلام؟ هكذا تمسك الحبيبة أير حبيبها بأطراف أصابع يدها اليمنى الأربعة (دون الإبهام) وبأطراف أصابع يسراها، وتمص رأس الأير صاعدة هابطة أو متأرجحة إلى الأمام والخلف. كل الرضى في وجهها. كل الشوق في لمستها. كل الجنون في أير العاشق والمعشوق.

وضع: السحابة الممطرة

بعد أن رقصت وخلعت عنها رداءها، ينتظر الحبيب الجالس على الأرض مرور السحابة كأنه أرض عطشى. تقف بجسدها كله أعلى وجهه فيلحس فرجها.

تنيمه على ظهره، وتستقر بفرجها فوق وجهه ولسانه.لا أحد يدري أيهما أكثر استمتاعا.

لا تلبث الحبيبة أن تغير وضعها لتنزل بفرجها فوق أيره.ليس أمامك سوى الاستسلام. لو أن بيدك شيئا؛ فأرنا شجاعتك. جرأتك الحقيقية أن ترفع الرايات البيضاء.

ومضة: ابسطها يا باسط

هذا الوضع سماه صاحب (نواضر الأيك) **المنابري**، وقال عنه:

"ينام الرجل على ظهره، ويمد رجليه، وتجلس هي على فخذيه، وتمرُس [تدلك بقوة] ذَكَره، ثم تجلس عليه، وتقوم، وتقعد. فإذا قرب إنزاله؛ تقوم وتمسك ذَكَره بيدها، ويكبس ذكره." [36]

---

36 نواضر الأيك، ص 130 .

تبادل الأدوار

استلقى العاشق على ظهره مكشوف الظهر، كأنما يطلب أن تدلله حبيبته. ها هي تمس بأناملها العاشقة شعره أولا وتقبله، ثم تهبط إلى عنقه، ثم إلى ظهره، فتدلك كل جزء منه ولا تنقطع قُبلها. ماذا تفعل الحبيبة؟ إنها تصعد إلى أعلى جسده، وتنام فوقه، فتستقر بطنها على ظهره، ويحتك فرجها بمؤخرته، فتشعر برغبة في أن تقوم بدور الرجل. تداعبه قائلة له: "لقد أتعبتني، وآن أوان أن أفعل بك مثل ما تَفعل بي".

ها هي تحك حلمتيها بظهره، لتصيبه بجنون الهوى. ثم إنها تحك فرجها في إحدى إليتيه، إنه الآن يشعر ببظرها كأنه ينتهك عذريته. يستسلم تماما لمداعباتها، وهي تصعد وتهبط فوق ظهره وتحك فرجها بمؤخرته بقوته. يتأوه الحبيب كأنه أنثى عاشقة. تستمر حتى يكاد بلل فرجها يدعوه إلى أن يتخلص منها بهدوء، ليعود إلى سيرته الأولى.

دعوة إلى بلد المحبوب

تعرف كيف تدعوه إلى جسدها. قالت له مداعبة (بطريقة تشبه من ينادي الناس لركوب السيارة): "عجيزة .. جيزة.. جيزة. تحب تروح جيزة؟" قالت الكلمات الأخيرة بميوعة وغنج، والتفتت بجسدها متباعدة ليتمكن من رؤية ردفيها إذ يهتزان في إغواء. احتضنها من الخلف وقد وقع في شرَك الغواية.

تقول له بهمسها المعهود، ويداها وركبتاها مبسوطة على الأرض ورأسها راكعة، وعجيزتها تواجه **الحبيب المتأهب** لدخول الفرج من الخلف، تقول له: "حُطّه من ورا". ربما لا ينتبه للوهلة الأولى، فيظن أنها تؤكد ما يوشك أن يفعله، فتوضح أكثر: "يا حبيبي حطه في الفتحة الضيقة". إنها المرة الأولى لكليهما. لا يعلم إن كان هذا ممكنا أم لا. **يمسك الإليتين مباعدا بينهما**، ويحاول فيعسر الأمر عليه، وتعاني الحبيبة ألما تستلذه، فتطلب إعادة المحاولة. كلاهما يتصرف بحذر خوفا من أية آثار جسدية مؤلمة تلي ذلك، ولهما الحق، فالأمر ليس باليسر الذي يتمناه كلاهما.

يُحضِر ما يساعده على الأمر: كريم مليّن مسكَن للألم، وإصبع طبي جلدي يضعه في الوسطى **ويبدأ بمداعبة فتحة الشرج وإيلاج الوسطى فيها**. تتأوه الحبيبة كأنها بكر، وتطلب المزيد. ربما يكون من المريح أن تغير هذا الوضع فتنام في حضن حبيبها يقبلها ويعصر أحد النهدين، ووسطى يده اليمنى لا تزال تداعب الفتحة الضيقة في الخلف، وقد يحدوه الشوق إلى الفرج فيترك الفرصة لإبهام اليد نفسها مداعبا أيضا.

الإصبع الوسطى دخلت إلى الفتحة الخلفية حتى العمق، والحبيبة لا تكاد تطيق الدخول والخروج. **يجرب أن ينيمها على ظهرها ويرفع مقعدتها بمخدة ليسهل إيلاج الوسطى**، ولا تزال اليد الطليقة تداعب النهد الحر دائما، أما العيون فلا تكف عن التشهى، وصوت الرغبة يلهث في أنحاء الغرفة باحثا عن ارتواء.

انتبه الحصان المغوار (فرجه) وقرر أن يغزو تلك الأرض البكر بنفسه مستكشفا أغوارها وشعابها.

أيها الفارس ارتقب استكانتها وتهيؤها والتمس لنفسك السبل في هدوء وأناة تليق بفاتح مستطلع لا يتهور وإن لم تنقصه الشجاعة.

يُليّن الحبيب فرجه لِيُسهل إيلاجه **ويُدخله بهدوء** وبقدر ما تسمح قدرة الحبيبة المستلقية على ظهرها كاشفة للحبيب عن رغبتها العارمة في أن يدخل إليها، كاشفةً كذلك عن قلق خفى في عينيها من ألم يصعب تجنبه، ولكنها تعلم أن قدرا من الألم قد يكون سبيلا إلى كثير من الهناء.

أخيرا يستقر الحصان المغوار في الأرض التي ضاقت حلقاتها ثم فُرجت بعد أن ظن أن لن تفرج. يشعر بأنه سافر إلى إستانبول فيسميه كذلك. يا لها من عاشقة تعرف الطرق اليسيرة إلى السعادة والمتعة. **تطلب من الحبيب ألا يخرج من إستانبول فرجه وأن ينام على ظهره بهدوء لتصبح فارسة إستانبول.** تتحرك كأنها في وضع الفارسة. كأنها الحصان تحرك لتوه متبخترا ليصل بعد قليل إلى نقطة

الانطلاق. وها هي الفارسة تنطلق لتدهش الحبيب تحتها بما يحس به من متعة الاكتشاف ولذة الفرَج بعد الضيق.

الحبيبة تسيطر على الجسدين سيطرة كاملة، وعينا العاشق تغيبان قليلا في عالم من الاستمتاع، يسيطر عليه الإحساس بأنه حصان لا يعرف إن كان يسابق الريح أم يحلق في أفق الخيال.

ومضة: نيك أهل المعرفة (المدابرة)

"ومما جاء عن القدامى ما حكي من وصية عجوز لبنتها؛ قالت لها قبل أن تهديها لزوجها: إني أوصيك يا بنية [وصية] إن أنت قبلتِها؛ سعدتِ وطاب عيشك وعشقك بعلَك.

إن مد يده؛ فانخري وازفري وتكسَّري وأظهري له استرخاء وفتورا. فإن قبض على شيء من بدنك؛ فارفعي صوتك بالنخير. فإن أولجه فيك؛ فابكي وأظهري اللفظ الفاحش؛ فإنه مهيج للباه [أي الشهوة] ويدعو إلى قوة الإنعاظ [الانتصاب].

فإذا رأيته قد قرب الإنزال؛ فانخري وقولي له: "صُبَّه في القبة، وغيّبه في الركبة". فإذا صبه؛ فطأطئي له قليلا، وضميه واصبري عليه وقبّليه، وقولي: "يا مولاي؛ ما أطيب نيكك!

وإن دخل يومًا وهو مغموم؛ فتلقيه في غُلالة مطيَّبة لا يغيب بها عنه جارحة من جسدك، ثم اعتنقيه والتزميه وقبّلي عينيه وعارِضَيه [أي جانبي وجهه] وخَدَّيه. فإن أراد المعاودة؛ فأظهري له المساعدة. فبهذا تبلغين إلى قلبه وتملكيه ويحبك وتحبيه. هذا ما أوصيك يا بنية.

ثم تركتها وجاءت إلى زوجها، وقالت له: اعلم أني قد ذللتُ لك المركب، وسهلتُ لك المطلب؛ فاقبل وصيتي، ولا تخالف كلمتي؛ تُحمَد. فقال لها الزوج: قولي ما بدا لك، فلست بمخالف لك في ذلك. فقالت: إذا خلوت بزوجتك؛ فخذ ما أردت من النيك الصلب والرهز القوي، وثاورها مثاورة الأسد لفريسته، واجعل رجليها على عاتقك، وأدخل يدك من تحت إبطها حتى تجمعهما تحتك، وتقبض على منكبيها بأطراف أصابعك، ثم ضع أيرك بين شفريها، واعركهما به وهو خارج، ولا تولجه. وقبّلها، وادلك شفريها دلكًا رفيقًا. فإن رأيتها تغيب؛ فأولجه حينئذ كله. فإذا دخل كله، وحكت شعرتها بشعرتك، وأيرك داخل حِرها [فَرْجها]؛

فهرِّص زواياه، وفتش خباياه، ثم أخرجه إخراجًا رفيقًا، وابدأ بالرهز [أي كلام المداعبة]، فإنها سوف تغربل من تحتك، وترهز، وتلتذ بها، وتريك غلمتها، وتظهر شبقها وصنعتها، حتى تصبه. واحرص كل الحرص أن يكون صبكما جميعًا في موضع [أي في وقت واحد]؛ فذلك ألذ ما يكون عندها.

فإذا أفرغتما؛ فقوما حينئذ فاغتسلا بالماء غسلًا نظيفا. وقد أهديتها لك، وأوصيتها كيف تعمل وتغتسل. ثم عودا إلى فراشكما، فداعبها ساعة، وقبِّلها، وخمشها، ثم نوِّمها على وجهها، واجلس على فخذيها، وريِّق [أي بلِّل بلعابك] أيرك تريقًا محكمًا، وضعه بين إليتيها، وحُكَّ باب الحلْقة قليلا قليلا، فإنها تطمئن، وتجد لذلك الحك برأس الأير لذة ودغدغة، فأولجه قليلا قليلا برفق، حتى تستوفيه كله، ثم أرهز وابدأ، فإنها من تحتك سوف تعينك، فلا تزال كذلك حتى تصبه. فإذا صببته؛ فضمها ضمًا شديدًا، والصق بطنك بظهرها، وأسألها: "أين هو؟"؛ فإنها تخاطبك خطاب مذهول، ولا تزال هكذا تفعل إن أحببت في الاست. وأعلم أن النيك في الاست ألذ ما يكون في النهار؛ لأنك تشاهد خروجه ودخوله من عينه إلى بيضته. فالليل نيك الحبَل، وهذا يا بنى نيك أهل المعرفة والمجربين، ولعل لك أنت اختيارًا بقدومك فيما تريد وتختار."37

---

37 رجوع الشيخ، ص 353 – 356.

في ذكر من وطأ النساء في أدبارهن

"لا يُستقبح النيك في الاست؛ لحسن الإليتين؛ فإنهما من حُسنهما يصيحان، وكفى ذلك فضلًا! كيف بالضيق، وسلَس الطريق، وحسن المنظر؛ لأن تركيب الأير في الاست كالإصبع في الخاتم.

وقال زهير بن دغيوش: مررت يومًا ببعض قصور الرشيد بالرَّقة، فدخلت قصرًا منها، فسمعت غنجًا وحركة شديدة، فأصغيت، فإذا قائل يقول: "أولِجْه في النار؛ فإن فيه النار". فتقدمت قليلًا، فإذا أنا بجارية فائقة الجمال؛ فقالت: "إن أردت شيئًا فدونك". فتأملتها، فإذا عليها غلالة مطرزة قد عبقت بالمسك والعنبر، ورأيت بطنًا ومكانًا وسرة لم أر أحسن منها، وإذا لها حِرّ كأنه رغيف قد ارتفع عن بطنها وفخذيها. فأدخلت يدي فقرصته، ولويت شفرها؛ فقالت: "خذ في هذا الموضع؛ فإن هذا لا يفوت". فألقيتها، وباشرتها، فلم أر أطيع منها على النيك. فما تتحيت إلا عن أربعة.

ثم قامت إلى الماء فرأيت لها ردفًا لم أر أكبر منه ولا أحسن منه؛ يرتج ارتجاجًا، ويهتز اهتزازًا. فلما دخلت كشفت عن عجزها، فقبلته وعضضته وأصابني شبق شديد؛ فقالت: هل نكت امرأة في استها قط؟ فقلت: أكثر من مائة مرة. قالت: فصف لي أبوابه. قلت: أنا كنت أنيك كيف اشتهيت؛ لا أسأل عن أبوابه.

فقالت: إن له أبوابًا كثيرة. قلت: وما هي؟ قالت: ستة عشر [38]: 1- فقش البيض. 2- نفخ الطعام. 3- التركي. 4- النجيّ. 5- الخُفّيّ. 6- البَقّيّ. 7- الزوف. 8- الصرار. 9- خرط الرخام. 10- المضيِّق. 11- المصفِّق. 12- أبو رباح. 13- حل الإزار. 14- ماء الورْش. 15- السدري. 16-

---

اللولبي.. هذه ستة عشر بابًا، وفي يد العامة ثمانية. قلت: وما يوصلني إلى معرفتها؟ قالت: المعرفة بالفعل أوكد.

ثم انبطحت على الوجه، ومكنتني من نفسها، حتى صببت. وقالت هذا فقش البيض.

ثم مشت إلى الماء. وجاءت فبركت، وانفتحت انفتاحًا شديدًا فتمكنت منها. وقالت: هذا نفخ الطعام.

ثم مضت إلى الماء، وجاءت فبركت على رأسها، وجعلت عجزها ومنكبيها مرفوعين، وانفتحت، وأخذت ذَكري، ثم دلكت به ساعة، ثم أولجته، وأعطتني الرهز وتحركت، ولم أزل للفراغ، فقالت: هذا التركي.

ثم قامت ورجعت وبركت، وريقت فرجها، ثم قالت: أولِجْ نصفه، ثم أخرجه كذلك. ففعلت، فكنت أرى رأسه على باب استها، وأسمع لجحرتها [فتحة استها] غطيطًا عاليًا. فقالت لي هذا النجيّ.

ثم خرجتْ إلى الماء، ورجعت فاستلقت عليَّ، ورفعت إحدى رجليها، ثم ريقت شرجها وأخذت ذكري بيدها، وأولجته إلى أصله في جحرها، ثم قالت: ضع رجلي اليسرى على شقك الأيمن، وأرهزني بقوة، وادفع بأشد ما عندك. ففعلت للفراغ؛ فقالت: هذا الخُفِّيّ؛ لأن أحد الخُفّين على عاتقك، والآخر على الأرض.

ثم خرجت واغتسلت، ورجعت فانبطحت، وقالت: ألق بطنك على ظهري، وأولجه وأخرجه بقوة، وأولجه ورُدَّه في كل رهزتين. ففعلت، فكنت أسمع استها يقول: بق بق. فقالت: هذا البقّي.

ثم خرجت إلى الماء وبركت وانفتحت جدًا، وريقت شرجها، ودفعته كله إلى أصله، ثم وضعت رأسه على الباب، ولم تزل تدلك به حتى لان؛ فقالت: إذا أولجته؛ فقم دون انتصاب، حتى يكون في ساقيك بعض انحناء، ثم أولجه وأخرجه إلى فوق بقوة؛ فإن هذا هو الزوف.

ثم خرجت إلى الماء واغتسلت ورجعت، فبركت ووضعت يديها على ركبتيها، وقالت لي: ريِّق رأس ذكرك، وأدلك باب الاست قليلًا قليلًا، ثم أولجه بقوة. ففعلت؛ فسمعت لشرجها صريرًا شديدًا؛ لقلة الريق؛ فقالت: هذا الصرّار.

ثم خرجت ورجعت وبركت كالسجادة، وريقت عجزها وشرجها بيدها، وقالت: ريِّق رأس أيرك، ثم أدلك به باب رحمي ساعة، ثم أولجه قليلًا، ثم أخرجه إلى رأس الكمرة. فكنت أسمع لشرجها خرطًا [أي كصوت التقشير]؛ فقالت هذا خرط الرخام.

ثم خرجت ورجعت، فبركت ووضعت على رأس استها ريقًا كثيرًا، وريقت ذكري إلى أصله، ودلكت به الشرج، ثم قالت: أكثر ريقك في كل رهزتين وأولجه إلى أصله. وقالت هذا المضيق.

وخرجت ورجعت، وقامت وألصقت بطنها مع الجدار، وأخرجت عجزها قليلًا، وقالت: إذا أنت أولجته فأخرجه بعيدًا عن الباب، وتنحَّ أنت مقدار ذراع، ثم صفق بأيرك على الباب، وأولجه بقوة ورهز. وقالت: هذا يسمى المصفق، وقد يسمى الحماري.

ثم خرجت ورجعت، فاستقلت على ظهرها، ورفعت رجليها، ووضعتهما على عنقي، ثم قالت لي: أولجه في الاست كله، فلما فعلت وأقمت ساعة؛ قامت قليلًا قليلًا، حتى صارت على جنبها الأيمن، فقمت أدفع حتى أفرغت، وأردت القيام، فقالت: مكانك! فأخرجته بيدها، وأدخلته في فمها، ومصته، ولم تزل تغمزه حتى قام، فنامت كما كانت، فأولجته في استها، ثم قامت وهو فيها حتى بركت على أربع وهي تعاطيه الرهز الصلب في جوفها، فأردت القيام؛ فقالت: مكانك! فلم تزل ترهز، حتى قامت قليلًا وهو فيها، حتى صارت قائمة، وهو فيها، ثم قالت: تراخ إلى الخلف وأنا أتبعك. ففعلت حتى صرت على ظهري، واتبعتني وهو فيها، حتى شدت عليه، فلم تزل تقعد وتنزل ساعة، ثم دارت عليه حتى صار

وجهها في وجهي، فعملت عليه ساعة، ثم دارت عليه وقالت: أدخل إصبعك من تحت فخذي. ففعلت حتى ألقيتها على ظهرها، وصرنا إلى الحال التي ابتدأنا فيها العمل، فلم أزل أرهزها وترهزني من تحت رهزًا موافقًا لرهزي حتى صببته فيها، ثم قمت؛ فقالت: هذا الباب اسمه أبو رباح، وهو أكثر عملًا وعناء.

ثم خرجت ورجعت، فبركت وجعلت بيدها على باب استها ريقًا وكذلك على ذَكَري، ثم قالت: أكثر الريق، وأدخله شعرة شعرة، وأنت تنظر إليه، وأخرجه كذلك. ففعلت، فكنت إذا أولجته أرى فرجها ينتفخ قليلًا قليلًا حتى يغيب الأير كله، فإذا أخرجته نظرت إلى حلقة الشرج ينتفح كذلك، حتى صببته في شرجها، ثم قمت؛ فقالت: هذا حل الإزار.

ثم عاودتها بعد ذلك بأيام، فبركت وقالت لي: أكثِر الريق، وبالغ في الإيلاج، وانظر إلى ما تعمل، وعليك بالرهز الصلب والدفع الشديد. ثم بركت وتفجعت، وريقته وأولجته في استها، فكأنه وقع في حريق وخرج مخضوبًا إلى أصله، وفاح ريح الزعفران، فلم أزل أولجه وأخرجه حتى خضبت ما بين إليتيها وعانتي، وأنا في زعفران خالص، فلم أزل كذلك حتى صببته؛ فقلت: ما هذا؟ قالت: ماء الوَرْش. فقلت: صفيه لي. قالت: تعجن الزعفران بدهن البنفسج ودهن الورد، حتى تصير مثل المرهم، ثم تأخذ قالبًا وتجعل رأسه في باب الشرج، ثم تحشو ذلك فيه حشوًا بليغًا حتى يحصل كله في الاست فيكون ما رأيت. فقلت: إن الزعفران يحرق. قالت: إنما تخضله بدهن ورد لتكسر حِدَّته.

ثم إني بعد ذلك أبركتها ثانيًا، وأولجته إيلاجًا متداركًا وهي تنخر وتعمل العجائب حتى صببته في شرجها، ثم أخرجته فخرج أخضر كالسلق، وفاح ريح العنبر؛ فقلت: ما هذا؟ قالت: اسمه السِّدريّ، فقلت: وكيف هذا؟ فقالت: سدر مشرب بعنبر معجون.

ثم عاودتها بعد ذلك؛ فألقتني على ظهري، وقعدت عليه مقابلي بوجهها، ثم دارت عليه حتى ولتني ظهرها، ثم بركت قليلًا، وتبعتها حتى صارت باركة، فلم أزل كذلك حتى صببته في استها. فقلت: ما هذا؟ قالت اللولبي". [39]

39 رجوع الشيخ، ص 301 – 303.

من أوضاع النيك من الخلف مع الإدبار

وضع: الخلط

"قال المصعبي: اشتريت جارية رومية فسِرتُ بها إلى منزلي، فأردتُ الخروج؛ فقالت: والله ما تبرح تعمل واحدًا. فقلت: شأنك! فبرَكَتْ على أربع، وفتحت إليتها، وقالت: أولِجْه فى الاست إلى أصله، ثم أخرِجه فأولجه في الحِرّ، ثم رُدَّه إلى الاست، فلا تزال تفعل ذلك حتى تفرغ، فبدأت أولجه إلى أصله، فنخرت ثم أخرجته فأولجته في الحِرّ فلم أزل كذلك حتى صببته، فكان به من اللذة أمر عجيب، فقالت: هذا باب الخلط."[40]

40 رجوع الشيخ، ص ص 305 – 306.

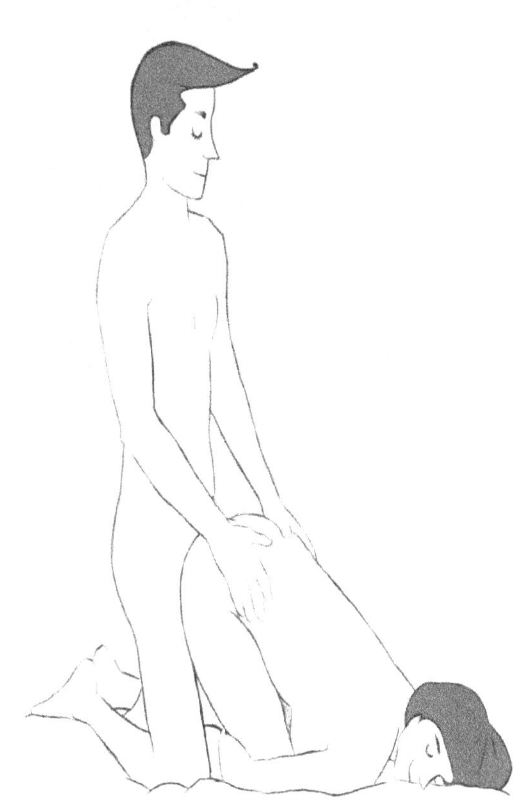

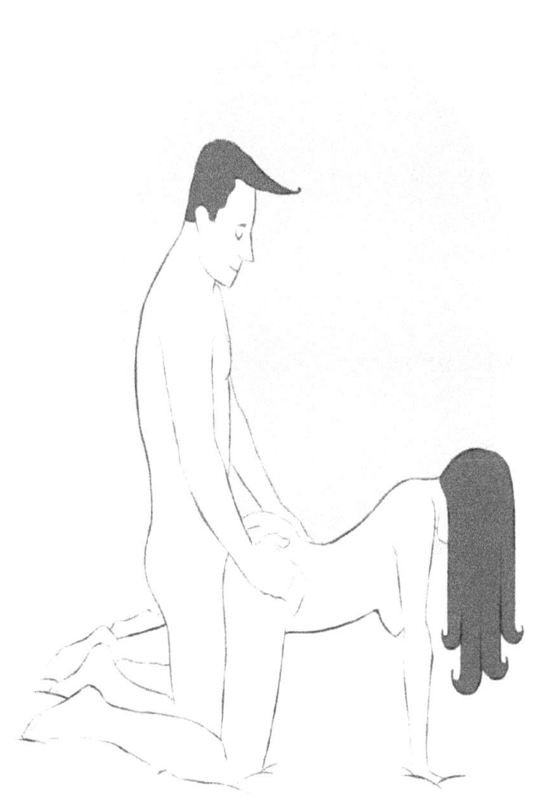

قال قدامى المجربين

قال صاحب تحفة العروس:

"إن النكاح في الشرع يبيح المنكوحة على الإطلاق؛ فنحن مستصحبون لهذا حتى يأتي دليل على استثنائه."[41]

وقال: "اخْتُلف في وطئها في الدُّبُر؛ فأكثر العلماء على منعه، وقد جاء النهي عنه في أحاديث...، وطائفة كبيرة يجيزونه."[42]

قال صاحب كتاب (حرص الحَلْي): "التحميض إتيان النساء في أدبارهن. قال: منه حديث ابن عمر: كنا نشتري الجواري فنحمض فيهن."[43]

---

41 تُحفة العروس، ص 387.

42 تُحفة العروس، ص 385.

43 تُحفة العروس، ص 387.

آخر المطاف

ومضة: واجب أم فرض؟

مؤانسة الحبيب قبل الجماع واجب، وبعده فرض. وقد "زعموا أن للحَمام في سِفاده [أي جِماعه] خُلّة يَشْرُف بها على الإنسان؛ لأنه لا يعتريه في الوقت الذي يعتري أنكح الناس من الفتور، بل يفرح ويمرح ويضرب بجناحيه ويرفع صدره، ويبدو منه ما يفوق الإنسان الذي شهوته أقوى وأدوم، وهو بما فيه من القوة المميزة أقدر على التخلق بما يريده من الأخلاق المستحسنة ... إذا فرغ يركبه الفتور والكسل ويزول النشاط والمرح، والحمام أنشط ما يكون وأمرح وأقوى في ذلك الحال الذي يكون الإنسان فيه أبرد ما يكون وأفتر."44

ومضة: مسك الختام

"في نهاية الجماع، على كل من العاشقين أن يترك الآخر في حياء ودون تبادل النظر، ويذهب إلى الحمام. وبعد هذا عليهما أن يعودا إلى مجلسهما، ويتناولا أوراق جوز الطيب. ثم على الرجل أن يدهن جسم المرأة بيده بالنقي من دهان خشب الصندل، أو دهان آخر، وأن يطوقها بعد ذلك بذراعه اليسرى، ويحملها بالكلمات المناسبة على الشرب من كأس في يده اليمنى، أو يقدم لها الماء لتشرب.

وبعد ذلك يستطيعان أن يتناولا الحلويات أو أي شيء آخر يحبانه، كما يستطيعان شرب العصير الطازج والحساء، وعصيدة الشوفان، وخلاصة اللحم، والشربات وعصير المانجو وعصير الحمضيات

ممزوجًا بالسكر، أو أي شيء يقبل الناس عليه في البلدان الأخرى ويشتهر بأنه حلو وناعم ونقي. وبوسع العاشقين أيضًا أن يجلسا في باحة القصر أو الدار، ويستمتعا بضوء القمر ويتبادلا الأحاديث."[45]

---

[45] الكاماسوترا، ص 90.

العشق من قبلُ ومن بعد

يعلم العاشق أن الفرس حين تصل إلى نهاية الحلبة لابد أن تنال قطعة من السُكَّر. لقد صالت وجالت وركضت وأعطت كل ما عندها؛ ألا تكافأ في النهاية بلحظة حنان. إنها في الحقيقة ليست نهاية، بل هي لحظة ترقب لبدء جولة عشق جديدة.

العاشق يمنح نفسه وحبيبته لحظات لا تقل عن لحظات البدء. قبلات عاشقة وأحضان وتبادل للشراب والفاكهة والمزاح واللمسات اللطيفة.

ما أجمل لحظة الرسو على الشاطئ.

ملحق: ترتيب الأوضاع بحسب حالات جسدي المرأة والرجل

أولا– أوضاع الاستلقاء:

أ– استلقاء المرأة:

– وضع رفع السماء (أو نيك العادة): تنام على ظهرها، جاذبة قدميها إلى قريب من مؤخرتها، أما الرجل فيستقر بين فخذيها ويُدخل أيره فيها، وركبتاه على الأرض، ولا يعلو بطنها، أما يداه فتكونان على الأرض.

– وضع الطيار: مِثل السابق، ولكنه يعلو بطنها ولا تكون ركبتاه على الأرض، وتكون ساقاه مفرودتين.

– نيك العادة الزيادة: "الشكل الذي تستلذه المرأة عند الجماع ... تستلقي المرأة على ظهرها، ويلقي الرجل نفسه عليها، ويكون رأسها منكسًا إلى أسفل كثيرَ التصوُّب، ويرفع أوراكها بالمخدة، ويحك الكمْرة [رأْس الذكر] على سطح الفرْج بدغدغة، ثم يعمل بعد ذلك ما يريد، فإذا أحس بالإنزال؛ فيدخل يده تحت أوراكها ويشيلها شيلًا عنيفًا؛ فإن الرجل والمرأة يجدان لذة عظيمة لا توصف."[46]

– وضع النوّارة: تنام على ظهرها، رافعة ساقيها، ممسكة وركيها بيديها، وهو على ركبته، ويدخل أيره فيها.

– وضع النوّارة الكبرى: مثل السابق، ولكنها تمسك بيديها قدميها أو إبهامي قدميها، وركبتاه على الأرض، ويدخل أيره فيها.

---

46 رجوع الشيخ، ص 137.

-السيف المغمود (نيك السادة): ساقاها ممدودتان سواءً، وجسمه ممدود بكماله فوقها، وأيره داخل فيها. يفضل أن يصلا إلى هذا الوضع بعد أن يبدءا بالوضع الأول؛ أي نيك العادة. وهذا الوضع يسمى نيك السادة.

- وضع عامود النور: تنام على ظهرها، ويرفع ساقها إلى أعلى لتشكلا مع جذعها زاوية قائمة، ويفضل أن يضع تحت مؤخرتها مخدة ترفعها. يمسك ساقيها في حضنه ويدخل أيره في فرجها.

- وضع المظلة: كالسابق، ولكنها تضع ساقيها على كتفيه.

- وضع المظلة الطائرة:الوضع السابق نفسه، ولكنه يرفع إليتها بيديه.

- وضع الميثاق: تستلقي على ظهرها، ويرفع إحدى ساقيها، ويمسكها بيده وركبتاه بين فخذيها، ويدخل أيره فيها.

- وضع المترقبة: في أي وضع مما سبق يكون العاشق فيها على ركبتيه، يمكن أن يغيره ليكون واقفا، وهي ممددة على طرف السرير؛ أي جذعها كله على السرير وساقاها خارجه.

- وضع الوردة المتفتحة: تستلقي على ظهرها على السرير أفقيا، جذعها على السرير وساقاها خارجه، وترفع فخذيها فيمسكهما بكفيه، ويضغط عليهما لينزل جسدها إلى أسفل ثم يرتد إليه، مستعينا بمرونة "مرتبة السرير".

- وضع أرسطو: تنام على ظهرها، وينام بجسده تحتها على أن يكون وضعه أفقيا على الأرض، ويدخله في فرجها من أسفل.

- وضع حرف لا: تنام على ظهرها فاتحة ساقيها ويدخله في فرجها، ولكن كفيه تكونان على الأرض إلى جانب جانبها الأيمن.

- وضع سفينة نوح: تستلقي على ظهرها، وتلم ساقيها إليها قليلا كوضع نيك العادة، فيجعل جسده بين فخذيها ويدخل أيره فيها، فتلف ساقيها على ساقيه من الداخل إلى الخارج، بحيث تتمكن منه وتبدأ هي في دفع جسدها من أعلى إلى أسفل ومن الأمام إلى الخلف كأنها أرجوحة.

- وضع المكبس: تنام على بطنها، فيستلقي بجسده كله فوقها تماما، وترفع عجيزتها قليلا قليلا حتى يتمكن من إدخاله في فرجها. تتحرك بعجيزتها صاعدة هابطة في هدوء بحيث تشعر بأيره يحك بظرها ويكبس فرجها.

- وضع الخندق: تنام على بطنها، فيستلقي بجسده كله فوقها تماما، وتكون ساقه اليسرى إلى جانبها متقدمة قليلا واليمنى متأخرة، ويدخل أيره من الخلف في فرجها، وفي هذه الحالة لا يكون كل أيره في فرجها، لكن ما يدخل منه يغنيها عن سائره.

- وضع العتاب: تستلقي على ظهرها وترفع رجليها ويدخل يديه تحت ظهرها حتى يمسك بكتفيها، ويدخل أيره في فرجها.

- وضع الرمح المغروس: تنام المرأة وتجعل تحت عجُزها مخدتين حتى ترتفع، وتأخذ إبهامي رجليها بيديها وتجذبهما إلى رأسها، ويجلس الرجل على باطن فخذيها وظهره إليها، وقد برز فرجها كل البروز؛ فيُدخله.

- وضع المخلّص: تستلقي المرأة على ظهرها، ويصنع جسد الرجل معها شكل (+) بأن ينام فوقها أفقيا، ويدخل أيره فيها ويصعد ويهبط.

- الوضع المضغوط: تشد المرأة ساقيها إلى فخذيها، ويضغط عليهما عشيقها بصدره، ويدخل أيره.

- الوضع نصف المضغوط: الوضع السابق، لكنها تمد إحدى ساقيها.

- وضع دق المسمار: الوضع المضغوط، لكنها تضع إحدى ساقيها على كتف عشيقها، وتمد الساق الأخرى.

- وضع كاليماري: تقرفص المرأة ساقيها، وتضغطهما على بطنها، ويُدخل أيره فيها.

- الوضع الملفوف: الوضع المضغوط، لكنها ترفع فخذيها، وتضع الواحد منهما على الآخر.

- وضع اللوتس: الوضع المضغوط، لكنها تضع ساقيها الواحدة على الأخرى. (انظر: الكاماسوترا، ص 74)

- وضع مدافع نافارون: تستلقي على ظهرها، وتسحب فخذيها إلى الوراء باتجاه صدرها، مباعِدةً ما بينهما حتى يتمكن من إدخال أيره، وبعدها تثبت قدميها على صدره، فيتاح له أن يمسك بهما مشدودتين إلى صدره، أو يحتضن الفخذين وهو يدخل أيره ويخرجه.

- وضع نيك طي المصري: "تستلقي المرأة على ظهرها وقد شبكت يديها على رأسها، وألصقت فخذيها بصدرها كأنها مطوية، ثم يعانقها الرجل ويلمها إلى صدره، ويولج أيره فيها بتأنٍ وسكون، ثم يرفع [عجُزها] وهو يحتد ويرهز ويلطم على سقف كسها، ويعتمد على سقف كسها.[47]

- وضع طعن الرحى: يستلقي الرجل على ظهره، وتعلوه، ويداها على الأرض حوله، وتلف تدريجيا حتى تعود إلى مواجهته.

- وضع ليتني أرى: "تنام المرأة على وجهها، وتمد رجليها، وترفع عجزها رفعًا جيدًا، وينام الرجل عليها، ويدخل أيره في عجزها، ثم يقلب رأسها، ويقبلها ويضمها إلى جهته ويلزمها إلى أن يتم."[48]

---

47 رجوع الشيخ، 260 – 261.

48 رجوع، الشيخ، ص 261.

- وضع العِقال: "تتبطح على صدرها، وتمد رجليها، ويجلس الرجل على أفخاذها، ويدخل يديه تحت إبطيها، ويمسك رءوس أكتافها."[49]

- وضع المثلث: تنام المرأة على وجهها، وينام عليها، وتلتفت إليه ولسانها في فمه، وأيره في استها، وإصبعه في فرجها.

- وضع الحلزونة: "تنام على ظهرها، ورجلاها على عاتقه، ويولج، ثم تميل هي قليلا قليلا؛ بحيث لا يخرج حتى يصير إلى جنبها الأيمن، وينيك حتى يفرغ."[50]

- وضع: الأصابع الساحرة: "ينيمها على ظهرها، ويده اليمنى تمسك كسها، وملء كفه اليسرى إحدى إليتيها، بحيث تصير أصابع اليد اليمنى تمس ظاهر الذكر في دخوله وخروجه، وأصابع اليسرى تمس باطنه كذلك، فإذا قرب الإنزال؛ شد بيده على الكس والإلية، وبالغت في الرفع، والغنج، والشهيق، والنخير، والشخير". (نواضر الأيك، ص 153)

- وضع النَّسر الجسور: تستلقي على ظهرها وتباعدت ما بين فخذيها رافعة ساقيها،. يدنو منها على ركبتيه، ويرفع إليتها قليلا بيديه ليمكّن نفسه من الدخول إلى جسدها، ويهبط من أعلى إلى أسفل مندفعا بأيره إلى فرجه. يستند بيديه مفتوحتين بجانب وسطها، وعندما ينتظم إيقاع دخوله وقوته، ينقضّ من أعلى إلى أسفل مرفرفا بفخذيه حول إليتها.

---

49 رجوع الشيخ، ص 265.

50 نواضر الأيك، ص 146.

- وضع مدفع إكس: تسجد المرأة، ويدخل إلى فرجها من الخلف، وهو يجلس على ركبته اليسرى بين فخذيهامن الخلف، في حين أن رجله اليمنى متقدمة إلى الأمام خارج جذعها، بحيث تكون مؤخرة قدمه اليمنى ملامسة من الأمام لركبتها اليمنى الثابتة على الأرض. ويحسُن أن يمسك بإليتها من فوق، بحيث يتقاطع ساعداه على هيئة حرف X، ويمسك بقوة ، ويُدخل أيره، وكان الله في عونها!

ب– استلقاء الرجل

- وضع الفارسة: يستلقي على ظهره، فتلقي بطنها فوقه، ويداها على الأرض بجانبه، وتقرب فرجها من أيره حتى يدخل فيها، وتحرك جذعها صعودا وهبوطا.

- وضع فارسة أشبيلية: وضع الفارسة نفسه، ولكنها ترفع جذعها إلى أعلى، وتستند على الأرض بيد واحدة.

- وضع الزيني بركات: يستلقي على ظهره، ويباعد ما بين فخذيه، وهي تعطيه ظهرها لتجلس فوق أيره (وضع التجريس)، وقد استند على يسراها أو يمناها إلى جانبه، ويدها الأخرى حرة، وتتقافز فوقه، وهو يستمتع بإمساك جسدها من الخلف.

- وضع الجهيني: وضع التجريس السابق نفسه، ولكنها تستند على الأرض بيديها الاثنتين.

- وضع الراحة: وضع التجريس نفسه، ولكنها تكون جالسة القرفصاء، وساقاه ممدودتان بين قدميها، ويداها تمسكان بقصبتي قدميه في قوة، وتتحرك صعودا وهبوطا.

- وضع الأندلسية: وضع الفارسة نفسه، ولكن الفارسة لا تتحرك، بل يحرك هو وسطه ويدفع أيره فيها بقوة، وقد شد جسدها إليه واحتضنها بقوة.

– وضع المخلّصة: يستلقي الرجل على ظهره، ويضع جسد المرأة معه شكل (+) بأن تنام فوقه أفقيا، وتقرّب فرجها من أيره حتى يدخل فيها، وتصعد وتهبط فوقه.

– وضع السحابة الممطرة: يجلس على الأرض، وتقف عارية بجسدها كله أعلى وجهه، فيلحس فرجها، ثم تنيمه على ظهره لتنزل بفرجها فوق أيره.

– وضع النورس المعلَّق: ينام على ظهره، وقدماه مثبتتان على الأرض. تجلس بالكاد على طرف السرير، كأنها توشك أن تقع، وتُدخل فرجها في أيره، وركبتاها مثبتتان على السرير حول جذعه. أما هو فتحيط كفع بجذعها من الخلف.

– وضع الزاوية المنفرجة: "تقعد عليه وظهرها إليه، ثم تميل إليه، فتجعل ظهرها على بطنه، ويضع هو يده على كسها وبطنها، وكسُّها بارز إليه، ويتراهزان إلى الفراغ."[51]

ثانيا– أوضاع الاضطجاع

– وضع المُداوي: ينام خلفها، وتستلقي على جانبها الأيسر، ويحتضن بيده اليسرى عنقها، وهي ترفع ساقها اليمنى فيحتضنها بيمينه، ويدخل أيره في فرجها من الخلف.

– وضع المباعِت: تستلقي على جانبها الأيسر، وتمد رجليها الواحدة فوق الأخرى متضامنتين لتصنعا مع جذعها زاوية قائمة، فيدخل أيره في فرجها من الخلف.

– وضع المستغني: السابق نفسه، ولكن ساقيها خارج السرير، وهو كذلك.

---

51 نواضر الأيك، ص 148.

- وضع القنفذ: تستلقي على جانبها الأيسر، وتجمع ساقيها نحو بطنها قليلا، ويدخل أيره فيها من الخلف.

- وضع الهاربة: الوضع السابق نفسه، ولكن ساقيها خارج السرير.

- وضع الرَّءوم: تستلقي على جانبها الأيمن، وهو يستلقي على جانبه الأيسر، وترفع ساقها اليسرى فتلفها حوله، ويدخل أيره فيها.

- وضع الكبوة: بعد أن تأخذ وضع الفارسة فوقه، تميل تدريجيا –وأيره في داخل فرجها– حتى يستلقي جسدها إلى جانبه الأيمن أو الأيسر.

- وضع العُروة: عندما ينام الحبيبان مضطجعين متجاورين، أو يكون الحبيب فوق حبيبته، وسيقانهما ممدودة مستوية متطابقة؛ فإن هذا يسمى وضع العروة (الفوقية أو الجانبية). فإذا لف أحدهما فخذه حول فخذ الآخر؛ يصبح هذا وضع العروة المقفلة.

- وضع نيك الحكماء: تنام المرأة على جنبها الأيسر، وتمد رجليها مدًا مستويًا، وتدير وجهها إلى ورائها، ثم تجعل فخذه بين فخذيها، ويحكه بين شفريها، ثم يولجه فيها.

- وضع السفلاني: تضطجع المرأة، وتدير وجهها، ويضطجع الرجل خلفها، ورجله الواحدة مثبتة خلفه والأخرى بين فخذيها.

– وضع نيك المسلطين: تضطجع المرأة على الجنب الأيمن، وتمد رجليها مدًا جيدًا، والرجل كذلك [يمد] إحدى فخذيه والأخرى بين فخذيها، ويبل أيره، ويحكه حكًا جيدًا إلى أن يحس بالإنزال، فيُطْبِقه قويًا.[52]

– وضع نيك الأرمن: تضطجع على جنبها الأيسر، وتمد رجليها، ويضطجع الرجل خلفها، وتلف على فخذه الأعلى، ويمسك صدرها بيده اليمنى، والأخرى تحتها. ويمكن للمرأة أن تدير وجهها إلى الوراء.

– وضع الضفيرة: يتكئ الرجل والمرأة متعاكسين؛ هو على جنبه الأيسر، وهي على جنبها الأيمن، بحيث يكون ظهرها إليه. تضع عجزها في حجر الرجل، وتجعل رجلها الشمال من فوقه، ورجلها اليمنى من تحت إبطه الأيسر، ويولجه.

– وضع دق الطحان: "تنام على جنبها الأيسر، وتمد رجليها سواء، وتدير وجهها وراءها، وينام هو خلفها على جنبه الأيسر، فيلف ساقه على فخذها، ويمسك صدرها بيد، وتحت إبطها بالأخرى، ويتراهزان إلى فراغه."[53]

– وضع الخُفِّيّ: "تنام على الجنب الأيمن، وترفع الرجل الواحدة، وتأخذ الزب؛ فتولجه إلى شعرته، ثم يضع رجلها على عاتقه الأيمن، ويرفع باقي ما عنده."[54]

---

52 انظر: رجوع الشيخ، ص 263.

53 نواضر الأيك، ص 131.

54 نواضر الأيك، ص 144.

ثالثا– أوضاع الجلوس

- وضع نيك الجن: "تقوم على قدميها، ويجلس هو على الأرض، وتُقبل المرأة إليه بوجهها، فتلف رجلها على وسطه، وتجلس على أيره، ويتراهزان. "[55]

- وضع اللبلاب: يجلس على مقعد مستدير مرتفع ، وتلمس قدماه الأرض، ويسند ظهره إلى جدار . تقترب الحبيبة الجالسة على ركبتيها على الأرض، فيرفع جسدها قليلا عن الأرض حتى تتمكن من أن تضع ساقها اليمنى فوق ركبته اليسرى، وتكاد يسراها تكون ملامسة الأرض. يسراها على الأرض والأخرى حول جسده، وها هما يندمجان متى شاءا.

- وضع طلوع النخل: العاشق يمد يده إلى الساق اليسرى للحبيبة ويرفعها عن الأرض بأناة، وعليها أن تتشبث برقبته، فيصير ساقاها حول وسطه، فيدخل أيره فيها.

- وضع الإعصار: يجلس فاردا ساقيه، مباعدا ما بينهما، وتجلس فوق أيره وتلتف ساقاها حول جذعه، فيحتضنها بقوة، وتحتضنه وهي تستند بيديها على الأرض لتصعد وتهبط.

- وضع كاترينا: الوضع السابق، لكنها تعطيه ظهرها.

- وضع العرش: يجلس على كرسي قوي ذي مسندين للمرفقين (أو يستخدمان كرسيا بلا مسندين وسريرين محيطين بالكرسي) وهي تصعد بقدميها فوق المسندين (أو السريرين) ووجهها لحبيبها، وتنزل بفرجها ليدخل الأير فيها.

---

55 نواضر الأيك، ص 138 .

- وضع الديكتاتورة: وضع العرش نفسه، ولكن ظهرها لحبيبها.

- وضع لوليتا: يجلس على كرسي بلا مساند، أو على طرف السرير، ومعظم جسده خارجه، وساقاه ممدودتان تماما وبالكاد يلمس الكعبان الأرض، وتعطيه ظهرها، لتدخل فرجها في الأير، ويكون جذعها مائلا إلى الأمام، وتسند بيديها على ركبتيها، وتكون الحركة للحبيبة.

- وضع الساحقة: الوضع السابق نفسه، ولكنها تواجه حبيبها، وترفع إحدى ساقيها فوق السرير، وتكون الحركة للحبيبة. وإذا كان جالسا على كرسي بلا مساند؛ فإنها ترفع ساقها وتسندها على شيء صلب ثابت مجاور للكرسي وفي مستواه تقريبا أو أدنى منه.

- وضع الشبكة: تجلس على كرسي مرتفع أو طاولة على أن يكون الارتفاع مماثلا لارتفاع وسط جسد الرجل، ويدخل أيره فيها متمكنا، بينما يمسك ساقيها بيديه.

- وضع العجائزي: "يقعد مادًا رجليه، وتقعد هي على قرافيصها على أفخاذه، وتعانقه بيدها، ويولجه بقوة وعنف، وهي في شهيق وغنج ورفث [فُحش في الكلام]." (نواضر الأيك، ص 141)

- وضع سد التنين: "تقعد المرأة والرجل متقابلين بعضهما في وجه بعض، ثم يحل الرجل سراويل المرأة بيده، ويخليه في خلخالها، ثم يلفه ويرميه فوق رأسها على رقبتها، فتبقى مثل الكرة، ثم يرميها على ظهرها، فيبقى فرجها ودبرها متصدرين، ويقيم الرجل أيره، ويولجه وقتًا في حجرها ووقتًا في فرجها."[56]

- وضع نيك الكرسي: "يجلس الرجل وتجلس المرأة، ويمد الرجل ساقه من تحتها مدًا مستويًا وساقه الأخرى من فوقها مختلفين، وهي أيضًا كذلك، ويقيم أيره ويولجه."[57]

---

56 رجوع الشيخ، 262.

- وضع قلع الخيار: "يتربع الرجل ويقيم أيره، وتقعد المرأة عليه ووجهها إليه وفمها إلى فمه، ويرشف ريقها، ويقبل عنقها، ويضمها إليه." 58

- وضع المتسلل: تجعل المرأة تحت عَجُزها مخدة، وتستند على يديها إلى الوراء، ويمد هو ساقيه حول المخدة وتستند على يديها إلى الوراء، ويمد هو ساقيه حول المخدة من تحت المرأة حتى يدخل أيره فيها.

- وضع محمد علي باشا: يجلس الرجل على فراشه، ويقيم ركبته اليمنى؛ أي يثبت القدم في موضعها، وتجلس المرأة وتقيم ركبتها اليمنى، وتمرر قدمها اليسرى من تحت ركبته اليمنى، ويمسك بخواصرها ويجذبها إليه مُدخلا أيره فيها.

رابعا- أوضاع الانحناء

- وضع النحلة: تستند على يديها وركبتيها، ويجلس هو على ركبتيه، ويدخل أيره في الفرج من الخلف.

- وضع التجوال: الوضع السابق، ولكنها تتحرك وهو يتحرك وراءها من غير أن يخرج أيره.

- وضع الدبور: تميل بجذعها إلى الأمام مستندة على السرير أو طاولة أو غيرهما، ويدخل أيره في فرجها من الخلف.

---

57 رجوع الشيخ، 262.

58 رجوع الشيخ، 262.

- وضع المتمكِّن: تستند على قدميها ويديها، وتفتح ساقيها قليلا ليتمكن أيره فيها من إدخال أيره فيها من الخلف.

- وضع الصاري: تميل بجذعها إلى الأمام مستندة على شيء ثابت، وترفع ساقها اليمنى لتصبح معلقة في يده اليمنى، ويدخل أيره فيها من الخلف.

- وضع فرج النعامة: تميل بجذعها إلى الأمام، وتستند بيديها على شيء ثابت، وترفع ساقها اليمنى فيسندها الرجل على شيء ثابت بارتفاع الخصر إلى جانبها الأيمن، ويدخل أيره في فرجها من الخلف مائلا من أسفل إلى أعلى في دخوله وخروجه.

- وضع بستان الورد: تميل بجذعها إلى الأمام، وتفتح ساقيها قليلا، ويدخل أيره في فرجها من الخلف.

- وضع لفتة الغزال: الوضع السابق نفسه، ولكنها تتحرك وهو يتحرك وراءها من غير أن يخرج أيره.

- وضع المترددة: "تنام منحنية على فراش عالٍ، ورجلها الواحدة في الأرض، والأخرى فوق الفراش، وينيك وهو قائم من ورائها؛ إما منحرفا وراءها، وإما يصعد بإحدى رجليه على الفراش، ورجله الأخرى على الأرض، يستقبّل جملة كسها من ورائها، وينيك."[59]

- وضع المشتبك: تنحنى المرأة على أربع، وتفتح ساقيها، ويدخل الرجل ساقه اليمنى بين ساقيها، ويمد الأخرى.

---

59 نواضر الأيك، ص 150.

خامسا- أوضاع الوقوف

- وضع رقصة الباليه: الحبيبة مستندة إلى الحائط. يرفع العاشق ساقها اليمنى. يدخل أيره، وتثب أطراف أصابع قدميه من على الأرض، ويده تمسك بإليتها.

- وضع الأريكة: يضع قدمه اليمنى على أريكة خشبية واطئة، ويُجلس الحبيبة على ركبته، وقدمُه اليسرى على الأرض، ثم يُدخل أيرِه.

- وضع المَسند: يقفان متواجهين، ويرفع ساقها اليمنى فيمسكها بيده اليسرى ويدخل أيره في فرجها، كما يمكن أن تسند ساقها اليمنى على كرسي أو ما شابه ذلك.

- وضع خذني معك: يقفان متواجهين، وهي مستندة إلى حائط فتتعلق برقبته، وترتفع بساقيها ليلتفا حول وسطه وهو يساعدها بيديه في ذلك، حتى يتمكن من إدخال أيرِه في فرجها. ويفضل أن يكون خلفه شيء ثابت لتستند عليه برجليها. وهو وضع يتطلب بنية قوية للرجل وجسما خفيفا للمرأة.

- وضع فلامنجو: يتعانق الرجل والمرأة وهما واقفان، ويخالفان ما بين رجليهما، ثم يحكه في فرجها حتى يدخله.

- وضع نيك الأكراد: تقف المرأة مواجِهة للحائط، وترفع ساقها اليمنى، وتسندها على الحائط، ويأتي الرجل من خلفها فيولج أيرِه فيها. ويمكن أن تستخدم قطعة أثاث راسخة بارتفاع خصرها، فتضع ساقها فوقها.

- وضع الراجحي (أو الأرجوحة): "يقوم قُدّامها، ويشبك يديها على رقبته، وتلف ساقها على وسطه، وترفع عن الأرض، ويولج ويرهزها، وترفع له من أسفل؛ بحركة متتابعة، وبوس، وشهيق."[60]

- وضع الراقصَين: "تقوم على قدميها، ويقوم مقابلها، فيتعانقان، ويرفع كل واحدٍ رجله إلى ورائه، ويقف على رِجل واحدة، ويولج، ويرهز."[61]

- وضع وقفة السَّعْد (أو السعادة وقوفًا): يلتف جسد العاشقة ليتوقف والظهر مواجه للعاشق؛ يبدأ العاشق في تقبيل جسد الحبيبة من رأسها حتى أخمص قدميها، من الخلف ثم الأمام، يهوي العاشق إلى الأرض مقبلا أطراف قدميها ويستمر وهو على الأرض في تقبيل سائر الساق من الداخل حتى يتمكن من رفعها حتى وسطه، وليمكِّن لنفسه أن يدخل إلى جسد الحبيبة. ساقها اليمنى مرفوعة بيده اليسرى، بينما يده اليمنى تمسك بخصرها، وهى تدفع جسدها رويدا إلى جسده.

- وضع النعامة: حافة السرير تصنع زاوية قائمة مع التسريحة. يدنو من الحبيبة ويحتضنها من ورائها. تميل إلى الأمام قليلا، فيرفع ساقها إلى حافة السرير، ثم يدخل أيره في فرجها. يستطيع أن يرفع قدمه قليلا ليستند إلى حافة السرير.

---

[60] نواضر الأيك، ص 137.

[61] نواضر الأيك، ص 138.

سادسا- أوضاع أخرى

- وضع الجماع المعلَّق: "عندما يسند الرجل ظهره إلى حائط، ويضع المرأة على يديه بأن يمدهما مشبوكتين تحتها، وتضع هي ذراعيها حول عنقه، وتضع فخذيها على جانبي خصره، وتبدأ بتحريك نفسها بواسطة قدميها الملامسين للحائط الذي استند الرجل إليه." [62]

- وضع نيك الروم: "يقعد على قرافيصه، وهي كذلك، وقفاها إليه، فإذا أولجه؛ مشت قدامه، بحيث لا يخرج وهو خلفها، وأن تدور به البيت؛ فإن قرب؛ قلَبها وكبّها لوجهها، ودكَّ فيها". (نواضر الأيك، ص 141)

- وضع الرباط المقدس: "تنام على بطنها، وتمد رجليها سواء، ويولج، ثم يضم رجليها، وتبرك على أربع، وهو فيها، وترهز إلى فراغه.

لكن تزيد بعد ذلك بالارتفاع؛ بحيث تصير كالراكعة. ينتصب هو، وهو فيها، ويرهزان إلى فراغه.

لكن تزيد بعد ذلك القيام منتصبة، وتبرز عجزها؛ بحيث لا يخرج الأير منها، ويضع هو يده الواحدة على بطنها، والأخرى على كسها، ويتراهزان إلى الفراغ.

لكن تزيد بعد الانتصاب؛ إذ يتراقى [يرتفع] الرجل إلى خلف، وتتبعه هي في التراقي، بحيث لا يخرج الأير منها، فإذا صار الرجل على ظهره؛ قعدت عليه، وظهرها إليه، ولا تزال تصعد، وتنزل إلى فراغه." [63]

---

[62] الكاماسوترا، ص 75.

[63] نواضر الأيك، ص ص 146 - 147.

- وضع المتوازي: "تقعد عليه، وظهرها إليه. تميل قليلا قليلا لقُدّام، ورجلاها على حالها، وكفاها على الأرض.

إلا أنها تزيد في الميل؛ حتى يقارب وجهها ساق الرجل، ورجلاها بحالهما.

إلا أنها تجعل ركبها على الأرض، وتمد ساقيها لناحية رأس الرجل سواء.

إلا أنها تكون بين فخذي الرجل، ويبالغ هو في مباعدتها، والحالة التي يكون فخذاها ملتصقتين، وساقاها خلفها.

إلا أنها تبطح وجهها على فخذي الرجل، وتخرج فخذيها وساقيها إلى جنب الرجل، وينيك، وهو ينظر إلى كسها، والأير داخل خارج بين شفريها". (نواضر الأيك، ص 148)

- وضع لقْط الحَبّ: يحرك أيره في فرجها، وجعله يحتك مرة بأعلى الفرج ومرة بأسفله، ومرة بجانبه الأيمن ومرة بجانبه الأيسر، مرة بقوة ومرّة برقة؛ مرة يسحبه بسرعة ومرة يسحبه ببطء؛ مرة يدخله كله ويخرجه كله، ومرة يدخل بعضه ويخرج بعضه.

- وضع الشهاب: سريران صغيران بينهما مسافة يقبع فيها كرسي مرتفع بلا مساند.

تجلس على الكرسي بين السريرين، فيَدخل العاشق بين ساقيها. ترفع ساقيها لتستقر أعلى السريرين ممدودتين حينا ومثنيتين حينا. يولج أيره في فرجها. يتبادل الجلوس مع حبيبته، فتصعد إلى السريرين واضعة ساقا على هذا وساقا على ذاك. تصعد وتهبط وتحك فرجها بفرجه. تُولّى ظهرها لحبيبها، وتمسك بطرفي السريرين لتزيد من قوة دفعها.

المصادر والمراجع

– بهجة النظر في بيان ما يتعلق بالمذكر والمؤنث، ذو الفقار أحمد النقوي، دار الانتشار العربي، بيروت، ط1، 1998م.

– تحفة العروس ومتعة النفوس، محمد بن أحمد التَّجاني، تحقيق: جليل العطية، رياض الريس للكتب والنشر، لندن، ط1، 1992م.

– رجوع الشيخ إلى صباه، ابن كمال باشا (أحمد بن سليمان)، منشورات سمر، ط1، 1994م.

– الروض العاطر في نزهة الخاطر، الشيخ النفزاوي، تحقيق: جمال جمعة، رياض الريس للكتب والنشر، لندن، ط2، 1993م.

– الكاماسوترا، مالااينجا فاتسيايانا، ت: رحاب عكاوي، مؤسسة الانتشار العربي، بيروت، ط1، 1998م.

– نواضر الأيك، جلال الدين السيوطي، تحقيق: طلعت حسن عبد القوي، (د.ن.)، (د.ت).